INFORMATION
DISCLOSURE
企业信息披露中的印象管理

张秀敏 著

内容提要

本书探讨了以年报为代表的强制披露的财务信息、以社会责任报告为代表的半强制披露的非财务信息两类信息披露载体,选择了管理层在会计叙述性文本中常用的三大印象管理策略,即易读性操纵、修辞语言运用和呈现形式,搭建管理层披露语言操纵的"驱动—约束—行为—后果"逻辑框架,并从企业内部常规因素和外部创新观点两个层次进行了多维度的理论分析和实证检验。

本书适合财务管理、会计学专业的专业研究人员,各级政府监管部门和参与资本市场的工作人员,以及企业管理人员阅读参考。

图书在版编目(CIP)数据

企业信息披露中的印象管理 / 张秀敏著. —上海:上海交通大学出版社,2023.8
ISBN 978-7-313-29118-9

Ⅰ.①企… Ⅱ.①张… Ⅲ.①企业管理—信息管理—研究 Ⅳ.①F272.7

中国国家版本馆CIP数据核字(2023)第134593号

企业信息披露中的印象管理

QIYE XINXI PILU ZHONG DE YINXIANG GUANLI

著 者:	张秀敏			
出版发行:	上海交通大学出版社		地 址:	上海市番禺路951号
邮政编码:	200030		电 话:	021-64071208
印 制:	江苏凤凰数码印务有限公司		经 销:	全国新华书店
开 本:	710 mm×1000 mm 1/16		印 张:	14.25
字 数:	238千字			
版 次:	2023年8月第1版		印 次:	2023年8月第1次印刷
书 号:	ISBN 978-7-313-29118-9			
定 价:	58.00元			

版权所有 侵权必究
告读者:如发现本书有印装质量问题请与印刷厂质量科联系
联系电话: 025-57718474

前言 | Preface

上市公司的信息质量决定了资本市场资源配置的效率。信息披露是上市公司的"生命线",也是其对内对外的诚信根基。在资本市场改革深化、注册制推行的背景下,信息披露的重要性不断提升,上市公司的信息披露水平高低也成为衡量其发展质量的重要指标。委托代理机制导致的信息不对称问题使得公司管理层及大股东等内部人可能出于自利动机去侵害投资者的权益,故而对于信息披露的监管历来极为重要。

随着资本市场的日趋发展和成熟,对实质性的财务信息的监管愈加成熟与严格。2020年10月,国务院印发的《关于进一步提高上市公司质量的意见》要求提升信息披露质量,以提升透明度为目标,优化规则体系,督促上市公司、股东及相关信息披露义务人真实、准确、完整、及时、公平披露信息。这足以说明,信息披露是上市公司高质量发展的重要组成部分。

在信息披露质量的研究中,印象管理是一个热门的话题。学者们发现,上市公司管理层在对外报告的编制过程中,会试图对报告中的语言信息进行内容和形式上的操纵,使得信息使用者在阅读公司报告以后,对公司和管理层留下更理想的印象,使未来的投资决策更符合公司或管理层的利益取向。

然而,俗话说"上有政策,下有对策",由于非财务信息大多是自愿性披露,不必遵循标准化、定量化的规则,内容和形式均较为灵活,因此更易被管理层操纵用于印象管理。在实质性的数据信息的监管日渐加强的背景下,内部人对公司信息的"管理"更多地跳脱于数据信息,向对外报告的语言环境及报告的呈现形式等更为隐蔽的方式上延伸,故而本书从易读性、修辞语言运用及呈现形式这三个隐蔽方式和角度加以切入,研究企业在信息披露中的印象管理行为。

首先,在易读性层面上,本书主要探讨信息披露的难易程度如何衡量,其影响因素又有哪些,企业的融资需求是否会对易读性策略运用产生影响,以及产生多大影响,卖空机制的引入能否改善年报文本信息披露质量。

其次,在修辞语言运用层面,本书主要探讨社会责任报告中修辞语言的运用是否存在印象管理行为,管理层在对披露语言运用的选择及呈现方式上有哪些技巧,可以通过哪些途径抑制社会责任报告中修辞语言运用存在的印象管理行为。

最后,在呈现形式层面,本书主要探讨年报外观呈现形式是否会对企业应计操纵产生协同辅助效应,其作用机制与文本信息相比又有何不同,对年报呈现形式的印象管理是否会对企业的股票流动性产生影响及产生多大影响。

针对以上信息披露形式上的印象管理行为,企业在进行信息披露时,不仅要遵守会计准则和相关会计信息的加工处理规范,还应以特定的文本和多样化的呈现形式实现信息传递。高质量的企业信息不仅要满足可靠性、相关性、谨慎性等内容质量方面的要求,还应依托准确、清晰和简明的形式,才能从整体上降低信息不对称水平,提高企业信息披露水平;广大信息使用者应借助多方面信息渠道,全面充分地认识企业的实际经营与发展状况,正确识别可能存在的策略性披露行为,增强对于披露信息的甄别能力,避免因信息不对称而遭受重大损失;监管部门应加强对上市企业信息披露的约束,进一步强化审计师、分析师、媒体、政府、公众等外部力量的积极作用,通过各利益相关方来监督企业的信息披露行为;政策制定部门可以考虑引入"信息形式质量",引导企业规范信息披露形式。

由于作者水平和资料的局限性,本书可能存在一些缺陷,一些方法和观点仍需要进一步商榷,恳请广大读者给予批评指正。

张秀敏

2023 年 7 月

目录 | Contents

第1章　绪论 ... 1
  1.1　研究背景 ... 1
  1.2　研究意义 ... 4
  1.3　研究内容与框架 ... 6
  1.4　研究方法 ... 7
  1.5　研究贡献 ... 9

第2章　文献综述 ... 11
  2.1　文献中的印象管理相关研究 ... 11
  2.2　易读性相关研究 ... 12
  2.3　修饰性语言相关研究 ... 17
  2.4　呈现形式相关研究 ... 21
  2.5　文献评述 ... 26

第3章　易读性 ... 27
  3.1　引言 ... 27
  3.2　理论分析与假设 ... 28
  3.3　研究设计 ... 36
  3.4　实证检验与结果分析 ... 46
  3.5　稳健性检验 ... 59
  3.6　进一步讨论 ... 78
  3.7　结论与讨论 ... 94

第 4 章 修辞语言运用 · · · · · · 96
4.1 引言 · · · · · · 96
4.2 理论分析与假设 · · · · · · 97
4.3 研究设计 · · · · · · 103
4.4 实证检验与结果分析 · · · · · · 109
4.5 稳健性检验 · · · · · · 124
4.6 进一步讨论 · · · · · · 130
4.7 结论与讨论 · · · · · · 141

第 5 章 呈现形式 · · · · · · 143
5.1 引言 · · · · · · 143
5.2 理论分析与研究假设 · · · · · · 144
5.3 研究设计 · · · · · · 148
5.4 实证结果及分析 · · · · · · 156
5.5 稳健性检验 · · · · · · 169
5.6 进一步讨论 · · · · · · 182
5.7 结论与讨论 · · · · · · 194

第 6 章 研究结论与展望 · · · · · · 196
6.1 研究结论 · · · · · · 196
6.2 启示与建议 · · · · · · 198
6.3 研究局限与展望 · · · · · · 200

参考文献 · · · · · · 202

索 引 · · · · · · 218

后 记 · · · · · · 220

第1章
绪 论

1.1 研究背景

自我国资本市场建立以来,上市公司的管理层操纵会计数据,蓄意误导或欺诈投资者的事件屡有发生。委托代理机制导致的信息不对称问题使得公司管理层及大股东可能出于自利动机去侵害投资者的权益,而企业进行信息披露的目的就是缓解各类信息不对称所导致的问题,因此,高质量的会计信息是维护市场良好生态、实现投资者保护的基本途径。以往我国《企业会计准则——基本准则》和现行的《会计法》重点聚焦企业的数字化信息,学者相对应曾经也大多以刻画公司价值的盈余数字来衡量企业的会计信息质量。而从现实情况看来,虽然相应法律法规以法为"剑"震慑企业的违规披露行为,但信息披露违规仍然是我国证券市场上的"重灾区",对数字的严格要求并没有杜绝企业的违规披露。

2022年,证监会公布了凯乐科技等企业虚增营收、金正大等企业关联交易的违法行为。由此可见,仅仅通过财务数据的准确性来衡量信息披露质量存在很大的局限性,财务数据极易被人为操纵,企业在中期报告和年度报告中披露的数据量非常有限,一些新型的特殊业务和不可以货币计量但能有效影响公司竞争力和投资者决策的信息无法得到正确反映,所以衡量信息质量不能只依靠数字化的财务数据。除了年报中的非财务信息披露,许多企业通过社会责任报告与外界沟通非财务信息,向投资者提供增量信息。2020年上交所对科创板企业信息披露做出了明确的要求,其中包括环境、社会和公司治理(ESG)信息。ESG相关信息作为财务指标的补充,反映企业在经营管理方面存在的风险,可帮助投资者进行决策。因此,社会责任报告中的非财务信息披露亦成为关注的热点。

内部人对公司信息的"管理"并不仅仅局限于数据信息。在对外报告的语言环境中,同样可能存在着旨在诱导投资者行为的操纵现象。相比数据信息的操纵,其危害是同性质的,且手段更加隐蔽和不易察觉。资本市场的发展日趋成熟,信息披露内容和形式也趋于多样化,语言和呈现形式等非财务信息披露能否反映企业真实的财务状况、向投资者传递有价值的信息,逐渐成为研究关注的焦点。

西方学者在语言信息披露质量的研究中,引入心理学的印象管理理论,认为上市公司管理层在对外报告的编制过程中,可能试图对报告的语言和呈现形式进行操纵。出于自利动机,管理层会有意识地对信息进行选择处理,不仅操纵了投资者对于企业实际情况的印象,而且违背了通过披露信息来降低信息不对称的初衷(张正勇 等,2017a)。从操纵空间来看,非财务信息大多是自愿性披露,不必遵循标准化、定量化的规则,内容和形式均较为灵活,易被管理层操纵用于印象管理,使未来的投资决策更符合公司或管理层的利益取向,导致非财务信息披露质量和决策价值较低。

既往研究通常将年报及社会责任信息披露本身作为一种合法性管理工具,关注信息披露的质与量,针对披露文本的内容进行解析,认为企业主要通过增加披露主题(Clarkson et al.,2008;Cho et al.,2010)或披露数量(Villiers et al.,2011)来塑造形象。根据对会计叙述性信息披露文献的回顾总结,语义形式被分类为易读性、修辞手法、语气语调、呈现形式、自利性归因等共 7 种(Merkl-Davies et al.,2007)。基于此,本书主要从易读性、修辞语言运用、呈现形式三个角度,深入剖析企业信息披露中的印象管理行为。

1.1.1 易读性

易读性作为会计信息质量要求的重要一环,同时也是合理评判信息质量"可靠性"和"相关性"的前提(孙蔓莉,2004a)。美国证券交易委员会(SEC)早在1998年就颁布了要求企业提供简明英语(Plain English)的指导方案,我国证监会在 2012 年也强调年报文本信息需要"语言表述平实,清晰易懂"。2019 年 12 月 28 日,第十三届全国人大常委会第十五次会议审议通过了修订后的《中华人民共和国证券法》(以下简称"新《证券法》")。新《证券法》最大的变化之一是新设了"信息披露"的专门章节,明确指出"信息披露义务人披露的信息,应当真实、准确、完整,简明清晰,通俗易懂……"这是在保证公告完整性、专业性的同时强调信息披露的"易读性",无疑对信息提供者的语言表述提出了更加明确的要求。但实际上,企业信息披露带来的阅读障碍和理解难度普遍存在,这在我国披露制度引入较晚、市场信息明显不对称的情况下表现得更为突出(Jones,1996)。由于使用者之间存在异质性(如个人知识水平、风险偏好程度等),由信息提供者主导的披露内容更有可能存在可理解性操纵空间。

1.1.2 修辞语言运用

由于信息披露内容约有80%属于文本叙述信息,叙述性语言的自身特征使其很难通过针对报告表面形式的规定来达到内容规范化和信息可靠化的目的,在缺乏强制性的第三方审计制度下尤为如此。因此,除了披露内容易读性角度,信息披露的语言运用状况角度亦成为研究的重点。其中,修辞语言表述和文字运用特征,作为一种较为含蓄的印象管理语言操纵行为,给读者带来不同程度的心理暗示,潜移默化地影响使用者的理解判断及后续使用,并由此给企业、政府、投资人、社会公众等利益相关者带来不同程度的经济后果。然而,社会责任报告作为非财务信息的重要载体之一,有着低规范性和弱监管的特点,具备可进行印象管理操纵的灵活空间,逐渐成为印象管理研究的重要对象(黄艺翔 等,2016;吉利 等,2016)。在信息不对称情况下,管理者在社会责任报告中使用印象管理提供一些夸大的、无关紧要的信息,同时藏匿一些负面信息,使得其可靠性和相关性均受到严重的影响(梅跃碧,2009;王维虎 等,2012)。因此,研究社会责任报告中修辞语言的印象管理行为,关系到各相关者的切实利益,关乎信息披露机制的有效运作与资本市场的良性和可持续发展。

1.1.3 呈现形式

在2020年3月1日开始施行的新《证券法》中,提出了企业在信息披露过程中要遵循"简明清晰、通俗易懂"的要求,采用准确、清晰、简明的形式可以高效传递信息,提高信息披露的质量。由此可见,相关政策、法规对于信息披露的要求已经从内容质量延伸至形式质量。社会责任报告的受众广泛,既包括关注社会责任报告的利益相关者,比如企业内部管理层、债务人、供应商、政府部门、机构投资者、媒体等,也包括如普通员工、散户等对社会责任报告缺少认知的群体。这就要求社会责任报告在体现专业性的同时又要兼顾企业的社会责任理念,通俗易懂,通过高水平的视觉呈现方式,让信息使用者能清晰直观地阅读。因此,会计信息形式与会计信息内容同样重要。图表是社会责任报告重要的呈现形式,相较于文字,图表的信息传递效率虽然更高(Benbasat et al.,1986),但是企业可以通过对图表的操纵而影响受试者对基本财务绩效的看法(Beattie et al.,2002),通过注意力指引及态度传递实现潜层信息传递,从而成为管理层印象管理的另一重要途径(Penrose,2008;柳宇燕 等,2019)。

1.2 研究意义

本书的研究成果具有以下理论意义和现实意义:

1.2.1 理论意义

第一,推动了印象管理理论在我国信息披露领域研究的探索和应用。在易读性视角,为后续进一步开展中文文本的易读性研究提供了指标测度衡量方式及分析思路,此外,通过考察卖空机制引入对年报文本易读性的影响,进一步从内部利益因素和外部治理因素两个层面进行影响机制分析,拓展了信息披露印象管理领域的研究思路;在修辞语言运用视角,针对报告全部文本运用计算机编程提取修饰指标,而非过去研究中只针对部分文字进行内容分析的传统模式,所构建的修饰性指标完善了印象管理领域评价测度的指标体系;从呈现形式视角,对信息形式的内涵做出了清晰的界定,拓展了企业信息披露的相关研究范围。此外,借助计算机 Python 爬虫技术,提取了我国 A 股上市公司年报中相关信息形式的各维度指标,实现了大样本分析,对以往的研究进行了补充。

第二,拓展了管理层非财务信息披露中以文本分析为基础的易读性、修辞语言运用和呈现形式研究领域。由于法律法规针对社会责任报告格式和规范性的要求远不及年报,因此对于社会责任报告,管理层具有更大的自由裁量权。本书从管理者自利行为的动机和能力角度,揭示了企业管理层在社会责任报告中修辞语言有偏运用的存在性。基于企业信息披露中的印象管理行为,从修辞性语言运用视角,将研究范围及对象进一步延伸拓展至社会责任报告。

第三,有助于深化对于信息披露印象管理行为影响因素的认识。企业的信息披露质量不仅取决于所披露的内容信息,而且还取决于内容的文字语言表述,以及照片、图表、颜色等呈现形式的运用。语言表述的真实性和可理解性及报告呈现形式的运用均会影响信息披露质量,尤其在低规范性非财务信息披露中。企业印象管理作为管理层有意识的行为,主要是通过操纵语言表述以及信息的呈现形式来掩盖一些负面消息,包括较差的业绩、盈余操纵行为、避税行为等。本书引入融资约束、卖空机制、利益相关者等信息披露印象管理行为的作用机制,从内外部视角进一步梳理了信息披露印象管理行为影响因素的相关文献。

第四,有助于深化对企业信息披露中的非财务信息影响投资决策的认识。企业所披露的会计信息是决策者进行投资决策时重要的参考依据,已有研究表明,会计信息对决策的影响不仅受限于信息的实质内容,编报信息所用的形式同样存在决策影响效应(Rennekamp,2012)。现有研究在考察企业信息披露质量与股票流动性的关系时,大多是基于传统的财务数据信息,即从会计信息的内容角度出发,忽视了信息形式方面对股票流动性的影响。本书从信息披露的呈现形式入手,通过大样本检验,提供了年报呈现形式对股票流动性产生影响的经验证据,对以往的研究进行了补充。

1.2.2　现实意义

第一,有助于提高投资者对管理层信息披露印象管理行为的甄别意识。我国上市公司信息披露制度尚不健全,监管部门虽然要求上市公司所披露的信息应当保持相关性和可靠性,但这只是原则上的规范,由于叙述性语言的自身特征以及呈现形式的隐蔽性,很难通过针对报告表面形式的规定来达到内容规范化和信息可靠化的目的,因此非财务信息披露中普遍存在着印象管理行为。本书的研究有助于投资者更好地理解管理层机会主义动机下的文本及呈现形式操纵行为,从而为引导理性投资决策提供一定程度的支持。

第二,有助于完善对非财务信息披露影响机制的认识。非财务信息披露规范政策编制的较大弹性使其成为管理层印象管理的重要工具,在易读性以及修辞语言运用视角,本书的实证结果证明,企业绩效、公司治理水平、管理者风格、分析师跟踪显著影响着企业年报和社会责任报告的易读性以及修辞语言运用状况,相应的结论分析也为今后规范企业自身信息披露行为,提高资本市场信息披露水平提供了新的视角与前瞻性建议。在呈现形式方面,当前有关形式方面的规范较少且未明确,本书的研究结论为信息形式会对投资者决策行为产生影响提供了经验证据。

第三，有助于推动监管部门制定信息披露规范。当前监管部门越发重视企业披露信息的形式规范，研究年报呈现形式与资本市场反应之间的关系符合当前政策趋势。随着相关法律法规如新《证券法》的出台和实施，监管部门已经注意到信息呈现形式对信息使用者的影响，未来对于信息内容所依托的信息形式方面的监管会越来越严格，要求也会进一步提高。本书的研究结果将有助于管理层意识到信息形式的重要性，使其在信息披露过程中更加关注信息的形式质量，帮助企业更有效地实现信息传递，同时增强信息使用者对信息的理解。因此，有助于促使相关部门从内容和形式总体层面强化对企业非财务信息披露质量的规范，提高企业整体信息披露质量。

第四，为信息形式影响投资者决策行为提供了经验证据。我国现行的准则大多用于规范信息内容方面，而对于外观形式方面，虽然政策制定者已经开始注意到信息形式的重要性，但是有关形式方面的规范相对匮乏，且相关规定无法明确。本书的相关结论能够提高相关政策制定者对信息形式质量的重视程度，促使相关部门从内容和形式总体层面监管企业信息披露，提高企业整体信息披露质量，降低信息生成和传递整个过程中的不对称水平，提升资本市场效率。

1.3　研究内容与框架

本书的主要研究目的在于验证上市公司管理层在年报和社会责任报告的信息披露中，是否存在印象管理行为，哪些因素会引致印象管理行为，印象管理行为又会产生哪些后果。围绕这三个研究问题，本书从易读性、修辞语言运用及呈现形式三个层次的非财务信息披露内容进行探讨。本书的具体章节安排如下：

第1章为绪论。首先，该部分描述了相较于数据信息，年报和社会责任报告中的语言和呈现形式，同样可能存在着诱导投资者行为的操纵现象，即印象管理行为，引出本文的研究背景；其次，从理论和实践两个层面指出了本书的研究意义；再次，表明本书采用的研究方法、思路以及所要研究的内容；最后，归纳本书的研究视角可能存在的创新点。

第2章为文献综述。该部分首先梳理了文献中的印象管理相关研究，重点归纳了文献中的印象管理策略；其次，针对诸多印象管理策略，分别从易读性相关研究、修辞语言运用相关研究和呈现形式相关研究进行具体梳理。在易读性相关研究方面，从"改善性"易读性操纵相关研究和"模糊化"易读性操纵相关研究进行阐述;在修饰性语言相关研究方面,归纳了目前文献中对于修饰性语言操纵的动机、影响因素和经济后果研究;在呈现形式相关研究方面,归纳了呈现形式的内涵、影响因素、经济后果,以及呈现形式在印象管理中的运用。通过归纳总结相关文献,针对研究现状,进一步明确了本书的研究重点和切入点。

第3章为易读性。该部分围绕易读性的印象管理行为,解决了以下基本问题:① 信息披露的难易程度如何衡量? 其影响因素又有哪些? ② 当企业有较强的融资需求动机时,以应计盈余管理和真实盈余管理为代表的财务信息的策略运用已经得到了多方验证,那么以易读性为代表的文本信息策略运用会产生何种作用? ③ 融资需求对易读性策略运用的影响是否会在盈余操纵程度的作用下受到影响,企业盈余数字信息和易读性文本信息策略的运用会产生何种交互作用呢? ④ 年报文本信息对财务信息具有重要的解释和补充作用,那么卖空机制的引入是否也能改善年报文本信息披露质量呢?

第4章为修辞语言运用。该部分围绕修辞语言表述的印象管理行为,解决了以下基本问题:① 管理层在社会责任报告中修辞语言的运用是否存在有偏性? ② 管理层在披露语言的选择性以及呈现方式上有哪些技巧? ③ 可以通过哪些途径抑制社会责任报告中修辞语言运用存在的印象管理行为? ④ 利益相关者压力与社会责任报告中修辞语言运用的印象管理行为有哪些作用关系?

第5章为呈现形式。该部分围绕呈现形式的印象管理行为,解决了以下基本问题:① 年报外观呈现形式是否会对企业应计操纵产生协同辅助效应,其作用机制与文本信息相比又有何不同? ② 年报信息披露外观形式会对股票流动性产生什么作用效果?

第6章为研究结论与展望。该部分首先依据前述章节的实证结果总结了本书的研究结论;其次在此基础上,从企业信息披露角度、企业治理角度、广大信息使用者角度、监管部门角度和相关政策制定部门角度提出了有针对性的政策建议;最后,总结了本书研究的不足之处,并对未来研究进行了展望。

1.4 研究方法

1.4.1 文献研究方法

通过对中国知网、万方、Wiley Online Library、JSTOR、Web of Science、

ScienceDirect 等中外数据库进行文献的检索,参考国内外相关核心文献,在易读性层面、修辞语言运用层面、呈现形式层面下,基于企业信息披露中的印象管理行为,从信息披露中印象管理行为的动机、影响因素、经济后果三个维度出发,深度挖掘当下国内外相关的研究成果,为后续的研究奠定理论基础。

1.4.2 实证分析方法

在易读性层面,以 2007—2017 年全部 A 股上市公司为研究对象,经筛选后获取了 20 286 个观测样本并基于研究假设,构建相关检验模型,利用多元回归实证方法进行实证检验。在考察引入卖空机制对易读性的影响时,将时间扩展至 2018 年,经筛选终得到 20 780 个"公司—年度"样本。此外还通过实证方法验证了代理成本在融资需求与年报易读性之间产生的中介效应以及在不同产权性质、不同年报披露要求、不同市场化程度中的调节作用。

在修辞语言运用层面,首先,选取 2009—2014 年期间沪深两市披露社会责任报告的全部 A 股上市公司为研究样本,以探寻影响社会责任报告修辞语言运用的因素,筛选后最终获得 3 023 个观测值。此外,通过实证方法验证了企业财务绩效在有效的公司治理机制对修辞语言的有偏运用产生制约过程中起到的部分中介作用以及从不同修辞程度、不同社会责任履行特征、不同披露动机、不同产权性质进行分样本检验。其次,在加入利益相关者的研究中,选取 2009—2018 年的所有 A 股上市企业发布的社会责任报告为研究对象,最终得到共 3 014 个有效样本,并通过实证方法验证了分析师跟踪在内外部利益相关者压力作用于社会责任报告印象管理行为的过程中具备中介效应。

在呈现形式层面,以我国 2011—2019 年全部上市公司为样本,经筛选后获取了 14 929 个观测样本并基于研究假设,构建相关检验模型,利用多元回归实证方法展开研究。在探讨企业应计操纵与年报外观呈现形式时,基于外部监管环境与内部治理环境的视角,分别从审计监督质量、分析师关注度、两职合一、两权分离度四个方面进行分样本检验;在验证年报外观呈现形式与股票流动性的研究时,还通过实证方法验证了分析师关注在两者关系中所起的中介效应,以及不同信息透明度、不同审计意见类型、不同产权性质对两者关系的调节作用。

1.5 研究贡献

1.5.1 易读性

一方面,从企业融资需求的视角,探析年度报告文本信息披露中易读性策略的运用问题。将影响企业融资因素的关注视角,从传统集中于以盈余管理行为为主的财务数据策略,进一步转向基于信息学、心理学以易读性为代表的非财务文本叙述信息的策略,将企业内部特征与外部债权、股权市场进行相互和有机结合。

另一方面,推动了在汉字体系下基于中义载体的易读性研究,拓展了后续研究的衡量方式以及分析视角。本书通过中文年报文本信息的大样本分析,丰富了对年报易读性影响因素和经济后果的探讨。从企业融资需求的视角出发,发现企业融资行为可能为公司信息披露行为带来额外的治理作用,尤其为文本信息的策略运用在提高信息披露质量、改善信息不对称方面的积极作用,提供了经验证据。

此外,丰富了关于财务数据信息和文本叙述信息之间交互作用的研究,有利于资本市场信息使用者更好地识别易读性策略的运用及其与盈余管理的配合作用,从而减少可能产生的决策失误,提高社会资源配置效率。

1.5.2 修辞语言运用

一方面,从利益相关者及其分析师跟踪的视角考察抑制企业通过修饰语言实现印象管理的举措,厘清内外部利益相关者压力、分析师跟踪与社会责任报告印象管理行为内在的作用机理,拓展了印象管理领域的研究视角。

另一方面,丰富了公司治理影响非财务信息披露质量相关的研究,将企业财务绩效的部分中介作用纳入考虑范围,探索了抑制非财务信息披露中印象管理行为的作用机理。本书提供了我国印象管理定量分析的新视角,在样本跨度与容量、变量的涵盖范围上,都是对信息披露中修辞语言运用研究的有益延伸,为规范企业社会责任信息披露提供了更为深入的参考依据。

1.5.3 呈现形式

首先,丰富了信息披露操纵手段的研究。已有针对年报内容开展的研究已经涵盖了数字信息及文本信息,但鲜有研究将外观呈现形式作为信息披露的操纵手段。本书论证和丰富了呈现形式操纵对数据操纵的补充效应,完善了企业操纵信息披露的策略组合。

其次,拓展了外观呈现形式相关研究。已有外观呈现形式相关研究多运用实验法考察呈现形式的选择及运用对信息使用者的影响,本书则将其置于企业信息披露的重要途径——年报中进行讨论分析,强化外观呈现形式相关研究的实践性。

最后,通过计算机技术完成了相关形式数据的提取,并由此构建了年报信息外观形式质量指标,实现了信息形式相关研究的大样本分析,拓展了企业信息披露经济后果领域的研究,研究结论将有助于市场各方充分认识信息外观形式的重要性。

第2章
文献综述

2.1 文献中的印象管理相关研究

印象管理(impression management)是一种有意识、有目的的信息管理行为,会对信息使用者的决策产生直接影响。在财经领域中,印象管理指的是管理层通过操纵企业信息披露的文字特征来影响投资者对于真实业绩或者事件的感知,这种有意识、有目的的信息管理行为会直接影响信息使用者的决策行为(李红 等,2009)。印象管理行为反映了管理层的机会主义,损害了财务报告的信息披露质量,导致投资者产生错误的资本配置行为。

根据 Merkl-Davies et al.(2007)建立的印象管理策略分析框架(见图2-1),管理层在信息披露载体中主要使用隐藏(concealment)和归因(attribution)这两大策略来进行印象管理,通过使用这种防御性的策略来转移视线,规避自身对于负面结果的责任。

隐藏策略可以通过两种方式实现,一是通过模糊负面消息的方式,二是通过强调积极正面消息的方式,两种方式的运用可以迷惑报告使用者的感知,使其认为企业实际的财务状况和经营成果同报告呈现的一样良好(Stanton et al., 2004)。具体而言,隐藏策略一般又可以划分为六种类型:易读性操纵、语调操纵、主题操纵、视觉和结构操纵、业绩比较、对盈余数字的选择。易读性操纵作为一种叙述性写作技巧,增加了文本的阅读难度,试图用降低信息透明度来模糊混淆一些不愿意让外界感知的信息(Courtis, 2004);语调操纵指的是通过在报告中使用更多正面、积极的语调来掩盖较差的业绩或负面消息;主题操纵强调积极的词语和主题,或强调积极的财务业绩;视觉和结构操纵涉及信息的呈现形式,如照片、表

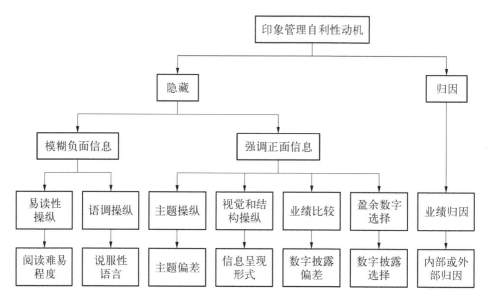

图 2-1 印象管理框架

格、颜色等的运用；业绩比较包括选择最能凸显当前财务业绩的基准；盈余数字的选择涉及从披露的若干盈余数额中选择一项，以便有力地反映当前的财务业绩。

归因借鉴的是社会心理学中的一种印象管理策略，是涉及个人对事件的看法和解释的立即偏见，这种偏见表现为倾向展现成功而非失败。财务报告中的业绩归因行为是指当企业业绩良好的时候，管理层倾向于进行内部归因，把功劳归于领导能力、战略规划等自身内部因素；而当企业业绩下滑的时候，管理层则倾向于进行外部归因，把责任归咎于经济政策、市场竞争等外部经济环境因素。

2.2 易读性相关研究

易读性（readability）操纵指的是管理层在编制报告时有意识地通过语句长短、专业术语、生僻词语等来调节文本阅读难易程度。易读性操纵有两个方向，包括降低其难度的"改善"举措和增加其难度的"模糊"行为，其中，使报告更加通俗易懂的"改善"举措让投资者对企业情况"一目了然"，往往向市场传递出积极的信号，带来正向的市场反应。而使报告更加复杂难懂的"模糊"行为则让投资者对企业情况"雾里看花"，往往与负面消息相联系，反映了管理层的机会主义心态。

2.2.1 "改善性"易读性操纵相关研究

"改善性"易读性操纵有助于信息使用者理解,因为报告易读性与公司代理成本呈负相关关系,易读性较高的年报能显著降低代理成本,改善信息披露环境。Li(2008)基于年报的研究表明,文本易读性越高,企业的正向盈余越具持续性,对业绩具有积极的预测作用。从投资效率的角度,年报的易读性越高,越能降低与预期投资水平的偏差,有效抑制企业的过度投资和投资不足问题。Chen et al.(2019)的研究探讨客户企业盈余预测报告的易读性是否以及如何影响供应商企业的投资效率,分析表明供应商投资效率与客户先前盈余预测报告的平均语言信息质量呈正相关,而在客户盈余预测报告易读性较强的供应商企业中,供应商投资效率与客户盈余预测报告数字信息质量呈正相关。从投资决策的角度来看,有学者研究了在美国证券交易所上市的外国公司的年度备案文件和收益新闻稿中文字的易读性和数字的使用,披露信息易读性相对较强的外国公司吸引了相对较多的美国机构所有权,通过提供更清晰、更具体的信息披露,降低了投资者的信息劣势或心理距离。披露的信息易读性越高,小投资者的反应就越强烈,因此,当消息利好时,估值判断的变化就越积极(Rennekam,2012)。从融资角度来看,董事会报告的易读性越高,越有助于降低公司的股权资本成本(江媛 等,2018)。借款陈述易读性的提高显著降低了投资者的信息处理成本,向投资者释放了积极的市场信号,从而提高借款的成功率。

2.2.2 "模糊化"易读性操纵相关研究

1. 动机

"模糊化"易读性操纵使得报告变得晦涩难懂,加大了投资者的信息处理成本,"雾里看花"的效果有利于管理层隐藏一些负面信息,这也是目前主要的研究方向。第一,学者们普遍认为文本易读性较差容易被管理层操纵用于掩盖负面信息,其中首要的动机是用于隐藏较差的财务业绩。以 Li(2008)为代表的国外研究者发现,当企业财务绩效较差或者不能达到业绩预期时,管理层会在信息披露时使用大量复杂的语言,导致业绩预告文本的易读性较低。近年来,国内学者的研究也表明,业绩较差公司的年报文本信息复杂性更高(王克敏 等,2018)。如果上市公司本年是"微盈利"状态,那么该公司年报文本复杂程度更高,并且这种正相关关系在盈余管理程度越大的公司中越明显(许文瀚 等,2019)。除了年报、业绩预告等财务报告外,也有研究以综合报告为研究对象,发现社会绩效较差的公司所提供的报告更模糊,有关可持续发展表现的资料较少(Melloni et al.,2017)。企业社会责任报告中也存在着通过易读性操纵来进行印象管理的现象,企业实际社会责任绩效越差,企业社会责任报告易读性越差(Wang et al.,2018)。同样的,国内学者黄艺翔 等(2016)也发现相较而言,业绩较差的公司较易实施社会责任印象管理行为以转移投资者的视线。

第二,除了业绩,企业进行易读性操纵也可能是为了掩盖盈余操纵行为,在特定年度进行盈余管理的公司具有更复杂的管理层讨论与分析(MD&A)(Lo et al.,2017)。

第三,由于文本易读性操纵并不能改变实际的业绩数字信息,管理层操纵易读性也很可能是为了隐藏私利行为。例如,有研究发现具有较高风险激励的经理人披露的信息易读性较差。同样的,国内学者的研究也表明管理层持股也会促使企业进行文本易读性操纵(王克敏 等,2018)。当管理层有较强自利动机时,相较于对好消息的描述,管理层对坏消息的描述更为复杂难懂(Asay et al.,2017)。

第四,企业进行易读性操纵是为了应对外部压力,如依赖社会关系获取资源的企业整体信息披露水平降低(任宏达 等,2019),卖空压力下管理层策略性增加坏消息的复杂度(Li et al.,2015),Inger et al.(2018)以利益相关者了解公司税务状况的主要信息来源的税务脚注为研究对象,结果发现对于避税水平高于行业年度中位数的公司来说,避税与纳税脚注易读性之间存在负相关,这与管理者向税务机关隐瞒避税行为相一致。

2. 影响因素

文本易读性除了受到企业业绩和管理层私利的直接驱动以外,还会受到诸如公司和信息自身特征、管理层风格、公司治理、外部压力等影响,因此,除了操纵动机的探析,文本易读性的影响因素应用目前也受到了国内外学者们的关注。

从公司和信息自身特征来看,信息复杂程度和主题结构是影响文本易读性的关键因素(Clatworthy et al.,2001)。当企业规模较大、账面市值比较高、业务波动较大、运营结构较为庞大时,企业各项经营活动更加复杂多变,不确定程度大,导致年报文本的易读性较差。企业的商业战略决定了信息披露的层次、措辞和复杂性,与追求效率导向的防御者策略相比,追求创新导向的探勘者策略公司年度报告易读性较差(Lim et al., 2018)。如果一家企业属于关系型企业,通过依赖社会关系来获取资源,那么其所披露年报的易读性也会显著低于其他企业(任宏达 等, 2019)。

从管理层特征来看,研究发现随着年龄的增长,个人不仅会变得更有能力解释经营复杂性,而且会在编制报告时保持道德操守,从而使财务报告易读性水平更高。有学者以审计师对关键审计事项的披露内容为研究对象,实证检验了审计委员会中的女性比例与其披露内容易读性之间的关系,结果表明审计委员会中的女性比例越高,审计委员会将通过执行更严格的监控活动以及更高的审计委员会风险规避能力来提高关键审计事项披露的易读性。Franco et al.(2015)考察了分析师报告易读性的影响因素,发现更具有易读性的报告是由更具经验的分析师发布,他们不仅更及时地发布预测,而且更频繁地修改预测,更有可能发布一致的预测。

从内部治理和外部压力来看,Li et al.(2015)利用卖空制度的实施作为外生事件,研究发现,引入卖空机制带来的股价压力会驱动管理层策略性地增加年报中坏消息的复杂度,以此缓解负面消息对股价的冲击。吉利 等(2016)基于社会责任报告的研究结果表明,管理层权力越大,社会责任报告易读性越差,且社会责任报告的易读性会受到大股东治理、政府约束、市场化进程三大治理机制的抑制。

特定的经济事件也会对信息披露阅读难度产生影响。从微观的视角,企业特质的改变会影响信息披露的质量。当上市公司一旦退市,披露的易读水平似乎随之下降,这是约束性缺失的一种体现。从宏观角度,金融危机、市场制度调整、信息披露制度的规范等,也会对特定时期的市场范围内企业产生普遍影响,现代语言趋于简化的特性可能揭示了信息披露易读性的提高趋势(Moreno et al., 2016)。

3. 经济后果

较高的易读性水平有利于增加信息的可靠性,体现企业价值(Hwang et al., 2017),使投资者获得增量信息(Li, 2008),稳定资本市场。易读性操纵经济后果的文献表明,文本易读性操纵会带来负面的市场效应。从债券市场来看,易读性较差的财务披露与较差的评级、更大的债券评级机构分歧以及更高的债务成本相关(Bonsall et al., 2017)。年报文本易读性越差,其贷款合同条款越严格(Ertugrul et al., 2017)。这一结果表明年度报告易读性差、模糊不清的公司股东不仅面临信息披露不透明的问题,而且还要承担不断增加的外部融资成本。然而也有学者持相反的研究结论,与那些报告易读性强得多的公司相比,报告越复杂的公司获得的银行贷款利率往往越低,这表明向债券持有者提供更复杂的信息,实际上可以让他们放心地提供更低的利率。

从投资决策来看,年报易读性越差,增加的信息处理成本使得投资者越可能反应不足(You et al.,2009),小投资者对年报易读性差的股票交易越少(Miller,2010),从而制约资本市场发展(孙文章,2019)。Hwang et al.(2017)通过分析封闭式投资公司的股东报告发现,发布易读性较差的财务披露文件,会导致公司的交易价格相对于基本面价值大幅下跌。Asay et al.(2017)研究发现,当管理者披露易读性水平较低的报告时,外部来源的信息就会对投资者的估值判断带来更大的影响,这可能会限制管理者从策略性发布易读性较差的信息以混淆糟糕业绩并从中获益的程度。有研究发现较差的年报文本易读性阻碍了企业信息传递的质量和效率,增大了企业与外界的信息不对称。信息使用者难以准确有效地解读所获取的信息并形成合理的判断和决策。

此外,从分析师角度来看,管理层的税前盈余预测易读性较差时,分析师预测分歧度更高。年报易读性较差会导致分析师盈利预测的离散度更大、准确性更低、总体不确定性更大(Lehavy et al.,2011)。从股价崩盘来看,年报易读性越低,未来股价崩盘风险也越高(Kim et al.,2019)。

2.2.3 易读性的测度方式

国外对于易读性的研究及应用已持续了上百年,形成了传统公式法、认知结构法、整体判断法等较为成熟的易读性测度方法。其中最早出现的整体判断法借助有经验人士的阅读评级,在教育学界和心理学界应用较多。20世纪70年代,在公式法基础上发展的认知结构法则主要基于认知理论,深度挖掘文本组织结构及深层特征进行分析,因此多属语言学家的跨领域研究。自1920年至今,传统公式法可谓是应用最多也最便利的测度方法,如Flesch-Kincaid公式、含雾指数、Dale-Chall公式等。互联网的发展及其相关软件的增加,也促进了传统公式法的实际应用,应用中最具代表性的是在医学领域。

直到20世纪50年代,首篇关于企业会计年报易读性的研究论文在会计杂志上发表,易读性的概念才被正式引入财经领域。由于企业信息披露的样本范围大、文本内容多,而整体判断法难以给出定量信息,认知结构法耗时耗力很少被财经领域所应用,传统公式法的测度则基于披露文本自身内容,剔除了信息使用者的影响因素，衡量较为直接、客观，大量的学者使用传统公式法判断企业信息披露的阅读难易程度，找出披露编制过程中存在的影响会计信息传递效率的语言使用障碍。此外，由于中西方在语言特征、市场环境等方面存在诸多差异，已有的西方易读性测度方式及研究结论在我国并不完全适用，技术处理的细琐繁杂也使得开展大批量的数据处理相对困难，在理论和实践上均存在较大差距。随着披露制度的不断完善，社会对此的关注度不断上升，在易读性的测度上取得显著进展。有学者构建了一个由两部分组成的中文易读性指标，其中第一部分是每个分句中的平均字数，第二部分是每个句子中副词和连词所占的比例，然后参考迷雾指数（fog index）的做法将两个指标进行合并。

2.3 修饰性语言相关研究

修辞手段（rhetorical devices）不仅仅是言语的修饰，更是信息互动和交流的重要组成部分（Brennan et al.，2014）。有效地利用修辞策略能够重塑信息的内容，从而影响信息使用者对信息的识别，对决策过程产生重大的影响（Platonova，2016）。修辞语言语调的运用虽然是对信息含蓄而间接的修饰，但也是印象管理策略的重要运用形式。早在 2002 年，Sydserff et al.（2002）就利用 Diction 软件计算出代表修辞策略的确定性、乐观性等 5 类指数，为衡量会计叙述性披露中的印象管理水平提供了潜在的替代方案。

2.3.1 修饰性语言的动机

修饰性语言操纵是印象管理中重要的隐藏手段，也是企业各类报告中较含蓄的操控行为，年报文本的修饰性语言操纵主要是通过使用强度更大、乐观性更高的修辞语言来让报告使用者增强对企业当前和未来经营状况的信心。对于这种运用修辞语言的印象管理行为，多数学者认为其主要动机是为了"粉饰"真实的财务绩效以展示良好的企业形象，财务业绩较差时，报告语调更积极（Melloni et al.，2017）。企业会在年报中运用更多正面词语来隐藏或延迟发布有关未来盈余的负面消息（Li，2008），以及在披露中不断提及竞争情况来暗示未来的不确定性（Li et al.，2011）。Patelli et al.（2014）探索了公司业绩与 CEO 声明中修辞语言之间的联系，研究发现乐观的语调与过去和未来的表现相一致。有学者发现，业绩即将大幅下滑的公司会将前景部分的语调向上倾斜，表示对未来业绩上涨的乐观预期；对于本期发生业绩亏损、面临较大经营风险的企业，为了增强包括分析师在内的外部投资者对未来发展的信心，就会提供更为积极的语调。Cho et al.(2010)首次发现了环境信息披露领域的印象管理现象，认为企业也可以通过在环境信息披露中使用有偏的语言语调来管理利益相关者的印象，相较于环境绩效好的企业，环境绩效差的企业更侧重于报告好消息，模糊坏消息，试图用更积极和更加不确定的语气来进行掩盖。张秀敏 等(2016)发现国内上市企业尤其是重污染行业存在利用语义操纵进行印象管理的行为。

此外，印象管理行为还可能被用于掩盖管理层的私利。异常语调与管理层利益事件［如刚好达到业绩阈值、财务重述、产权性质(SOE)、并购重组］显著正相关，与管理层期权授予显著负相关(Huang et al.，2014)。Arslan-Ayaydin et al.(2016)认为收益新闻稿作为及时向第三方传达公司业绩的工具，可以被管理者用来影响对公司业绩的看法，他们基于 2004 年第四季度至 2012 年第四季度期间超过 26 000 家公司的盈余新闻稿，研究表明，当管理投资组合价值与公司股价联系更紧密时，盈余新闻稿的语调往往更积极。有学者通过实证检验了盈余新闻稿中使用的语调是否与经理人选择的可自由支配盈余的符号和数量有关。结果显示，应计利润异常高和刚刚达到或超过盈利目标的公司管理层往往在盈余新闻稿中，使用更多的正面词汇来操纵他们随后在财务报表中向美国证券交易委员会报告的可自由裁量的会计数字。这一证据表明，管理者在战略上使用语调作为盈余管理的补充，以管理投资者的看法。年报文本信息语调操纵也可能用来掩盖盈余操纵这一行为，起到补充配合的作用(王华杰 等，2018)。有学者基于内部人交易视角探讨了其与年报语调的关系，研究发现披露的年报语调越积极，高管反而越会在后一期大规模卖出公司股票，造成后一期股票的净买入量越小，从而验证了管理层在编制年报时使用语调语气进行印象管理的真实动机。还有学者考察了分拆子公司招股说明书的语气与内幕交易之间的关系，以确定管理层是否操纵了语气，以提高分拆子公司交易的利润。研究发现，当内部人士在分拆日期后 3 个月内买入更多分拆子公司的股票时，管理层讨论与分析的语气更为消极，这一现象表明管理层为了掩盖公司股价上涨的潜力而在招股说明书中运用了更消极的语气。

2.3.2 修饰性语言的影响因素

除了操纵动机的探析，修饰性语言印象管理行为的影响因素和经济后果逐渐开始受到部分学者的关注。影响因素包括诸如管理层特征、公司治理、企业自身特征等因素。

管理层特征方面,有学者认为除了反映当前和未来的业绩外,业绩说明会的语调还受到管理层特有的乐观或悲观倾向的显著影响,语气与管理层早期的职业经历和参与慈善组织的经历显著相关。有学者的研究表明,CEO 的性别也会影响 CEO 声明的语言风格,女性 CEO 使用的语气更加中性。还有学者探讨了管理能力对盈余报告语气的影响,更有能力的管理团队在盈余报告中会使用更积极的语气,并且对于管理团队能力更强的公司发布的盈余报告,股市的积极反应也更为明显。

公司治理方面,Lee et al.(2019)探讨了审计委员会的财务专业知识是否影响企业年报的管理层讨论与分析部分文本信息的质量。他们的实证结果显示,审计委员会的财务专长,特别是与会计直接相关的财务专长,抑制了管理层的机会主义行为,即抑制了管理层讨论与分析语调向上的操纵行为。此外,当审计委员会的权力更大或审计委员会成员面临更高的诉讼风险时,财务专业知识抑制印象管理行为的效果更为明显。

企业自身特征方面,Leung et al.(2015)指出相较于小公司,大公司较高的政治成本可能会抑制其隐藏行为,而且外部董事、大机构投资者的存在有助于抑制公司的隐藏行为(Abrahamson et al., 1994;Lee et al., 2019)。有学者研究股票质押如何影响公司的披露,结果表明相较于没有控股股东承诺股份的公司,有控股股东承诺股份的公司披露语气更积极。有学者的研究旨在探讨盈余报告的披露语气是否与企业的社会责任表现有关。研究发现,更有社会责任感的企业在盈余报告中表现出更乐观的语调,且这种正相关关系在制造业中尤为明显。造成这一结果的原因可能有以下两点:第一,有社会责任意识的企业不太可能从事盈余管理,他们反而可能会转向从事一种更微妙的印象管理方式。第二,企业社会责任表现越好,在一定程度上说明财务业绩表现尚佳,因此企业对未来发展就越有信心,企业的盈余报告措辞也就越为积极。

2.3.3 修饰性语言的经济后果

从经济后果来看,修饰性语言主要对投资者行为、业绩预测、企业状况以及资本市场反应产生影响。

投资者行为方面,Henry(2008)定量分析了盈余新闻稿的语调如何影响投资者反应,具体来说,在一定程度上,当新闻稿的语气变得更加积极时,市场回报率也会更高。有学者提取了美国管理层和分析师在业绩说明会期间的语言语调,并研究了他们之间的差异,研究发现,管理层语调比分析师语调更能传递乐观情绪(而非悲观情绪),投资者(尤其是机构投资者)对分析师语调的反应比管理层语调更强烈。然而,有学者以在中国香港联合交易所上市的公司为样本的研究结论和美国有所区别。与之前基于美国的结果一致,他们发现积极的语调会带来更高的股票回报。与美国样本的结果相反,他们发现投资者更重视管理层语调而非分析师语调。还有学者发现,在控制了价格对预测的反应之后,管理层预测的剩余语调出现了异常的交易量增加,这表明投资者感知这种语气对公司价值的影响存在严重分歧。Li et al.(2019)发现年报风险披露语气越积极,投资类别的关键词越多,投资者对信息的需求越多,信息处理能力越强。

业绩预测方面,谢德仁 等(2015)研究发现业绩说明会上的管理层语调能够提供关于公司未来业绩的增量信息。但也有研究表明被操纵的积极文本语调对未来业绩具有负向预测作用,如 Jiang et al.(2019)认为积极语调能够预测未来负的股票市场回报率,预测力度甚至比已有研究中的宏观指标更强。有学者关注了环境披露语调与未来环境绩效之间的关系,通过对 288 家美国石油和天然气公司的抽样调查发现,对积极语言的偏爱并不纯粹反映出机会主义,而是一种显示未来环境绩效的透明度工具。前瞻性信息包含的异常乐观语调预示了未来较好的业绩表现,发生财务危机的概率较小。也有研究表明被操纵的积极文本语调对未来业绩具有负向预测作用。异常语调能够预测较差的未来盈余、现金流(Huang et al.,2014)。

企业状况方面,年度报告易读性较差、语气较模糊的公司股东不仅面临信息披露不透明的问题,而且还要承担不断增加的外部融资成本(Ertugrul et al.,2017);积极的语调也可能给企业带来更高的诉讼风险(Rogers et al.,2011)。有学者研究了管理乐观主义和债务保守主义之间的关系,分析表明,乐观的语调显著降低了杠杆率。这一证据支持了一种观点,即认为外部融资成本过高的乐观管理层会谨慎使用债务,乐观的语调显著增加了现金持有,减少了股息支付。Rogers et al.(2011)检验了管理者使用乐观语言是否会增加诉讼风险这一问题,研究发现乐观的管理层语调增加了企业的诉讼风险。

资本市场反应方面,Jiang et al.(2017)发现积极语调能够预测未来负的股票市场回报率,预测力度甚至比已有研究中的宏观指标更强。有学者以 IPO 招股说明书为研究载体,发现在 2007—2016 年中国 A 股市场 1 320 份 IPO 招股说明书的大样本中,IPO 招股说明书的不确定或消极语调与 IPO 初始收益和 IPO 后期收益波动显著相关,招股说明书中消极或不确定的语调还会降低股票的长期回报率。

2.4 呈现形式相关研究

信息呈现形式是信息可视化过程中运用的各种方法。一些视觉呈现形式是静态的,比如数字和字母,图片、图画和照片,图形、图表和地图,文件格式,网站。其他视觉呈现形式在时间上呈现动态变化的特征,比如电影和视频,多种多样的信息表达形式有利于信息使用者更好地获得和解读信息(Kelton et al.,2008)。有学者认为人们经常表象地认为会计只与数字有关,事实上视觉媒体在传递会计信息方面与数字一样重要。图像、表格、图表,尤其是照片,比简单的文本更容易让人准确地记住。近年来,学者们开始逐渐意识到与公司所报告内容的外观呈现形式相关的非财务变量包含增量信息。

2.4.1 呈现形式的内涵

实验心理学表明,图形在认知记忆中的效果比文本强,有助于通过简单的方式传达复杂的信息,具有吸引人的视觉效果(Beattie et al.,2002)。有学者认为信息的视觉呈现形式对会计学领域很重要。原因如下:信息的呈现形式是复杂的、多维度的,而且通常在意义的表达方面具有不确定性。例如,年度报告中的图片,就像美术作品或文学作品一样,承载着多重的信息,可以从不同的角度加以分析。当代实验心理学发现受试者在同时面对文本信息和呈现形式信息时,读者在呈现形式信息上花费的时间是文本信息的两倍,信息呈现形式在认知记忆中的地位比文字强大,图片、表格等有助于复杂信息的传递。图像尺寸是印象管理策略中最强大的工具之一,因为它能够吸引读者的注意力,读者首先将注意力集中在较大的照片上,然后是较小的图像,最后考虑文本,也就是说与图像相关的文本更有可能被阅读和记住。还有一种图像和文本相互融合效应会随着时间的推移在读者的脑海中出现,这使得读者的感知会偏向所附照片暗示的方向。越来越多的心理学研究强调,信息的视觉呈现形式具有激发情感的能力,行为金融学已经开始关注情绪在投资决策中的作用。

颜色在视觉呈现中同样是极为重要的部分,颜色包含了超出文字和数字的增量信息(Courtis,2004)。Courtis(2004)探讨了中国香港年报中的颜色使用问题,研究发现颜色可以对读者的注意力和决策产生有利的影响,但是并没有关于颜色如何导致特定感知形成的一般理论。有学者进行一系列实验,发现报告中图片和颜色数量的多少会对投资者的股票估值行为产生影响,即使是经验丰富的投资者也会受到年度报告呈现形式的影响。色彩使用的变化可以作为企业盈利能力变化的"预警信号",提高信息的及时性。

2.4.2 呈现形式的影响因素

影响呈现形式的因素主要与业绩变化相关。Courtis(2004)分析了财务信息中视觉色彩的使用,当企业盈利能力增加和减少时,会使用更多的颜色以增强和纠正这些变化。当银行盈利能力下降时,图表的使用反而增加了。有学者研究发现公司绩效变化与图表使用之间的关系比之前的研究更为复杂,公司业绩变化的幅度可能与图表类型相关,因为业绩下降幅度较大的公司不太可能使用图表,而增长幅度较大的公司更可能使用图表。那么,图表除了被用作印象管理的手段影响信息使用者的决策,也有人认为信息图表的使用是为了降低报告阅读的难度,提供增量信息。有学者调查了在全球金融危机期间意大利公司的图表使用情况,在业绩好转期间企业增加了图表的数量并减少了图形的扭曲程度,这也与当时严格的审查环境相关。还有学者发现盈利能力强的企业会增加企业社会责任报告的篇幅,更详细地描述其社会责任履行的状况,而盈利能力较弱的企业则会采用选择性披露的方式,减少在社会责任报告中自愿性披露的内容。而诉讼风险将激励经理披露更多的信息,在某种程度上,文档大小也可能是公司结构复杂性的简单产物。

市场参与者获取和处理信息的能力受到他们所面临的处理成本的限制,其中处理成本可能包括信息获取和信息整合的成本。信息处理成本损害了信息使用者在公开披露中吸收信息的能力。如果环境中存在更多的、更复杂的信息会导致交易的减少,甚至延迟信息进入价格的时间,进一步影响市场行为。而各类信息呈现形式的使用将会影响信息处理成本,不同类型的图形信息可以影响会计和财务分析师决策效率以及获取增量信息的能力。比起文本信息,柱状图和线形图更能提高决策的准确性。虽然图形可以具有不同的形式,比如折现图、饼图等,但它们本质上是定量的,这使得有相关阅读经验的读者能够快速吸收大量信息,而表格更多地提供未经形式化加工的原始数字信息。Benbasat et al. (1986)探讨了图形和表格对投资者决策和获取增量信息的影响,表格的准确性更强,而图形更能提高投资者获取信息的效率。此外,个人能力和专业知识素养也会对表格和图形的使用产生影响,专业投资者更擅长利用表格收集信息。多项研究表明表格和图表(包括线形图、柱状图和饼状图)等各种信息呈现形式各有所长,信息呈现形式的选择性使用会对信息使用者产生不同的影响。

2.4.3 呈现形式的经济后果

信息的呈现形式能够影响决策行为。标准选择理论认为决策者的信息处理方式不受信息形式的影响,因此早期的会计行为研究更注重对财务信息内容的检查,而忽略了对信息呈现方式的检查。而艾里斯·维西(Iris Vessey)于1991年提出了认知适配理论,该理论认为不同类型的信息披露对不同情境下的绩效理解有不同的影响,随后的学者通过实验研究法也得出了与其一致的结论。有学者用四种不同的呈现方式(仅文本、文本加上表格、文本加上图形和文本加上图表),研究了不同呈现形式下读者的记忆、反应和阅读时间的关系。通过以学生为样本的实验研究法,发现文本加上表格最有利于读者的记忆,所花的阅读时间也最短,仅文本形式所花的时间最长。在该研究之后的十年,又有学者同样以学生样本为对象,研究了数据呈现形式(文本、表格、柱状图)对阅读时间的影响,结果表明:数据形式不影响准确性,但会显著影响阅读时间,图表形式相对于文本,会减少所需阅读时间。前述学者是通过比较纯文本、文本加图表的不同披露形式得出结论,在此基础上,还有学者分别比较了四种呈现形式(文本、表格、折线图和柱状图),发现表格形式披露和文本形式披露的准确性没有区别,因为它们都显示符号信息(数字),而折线图和柱状图有利于决策的准确性,这归因于这些图形所提供的空间信息披露,相对于文本,图形更容易将连续时间上的信息可视化,使用者能更容易得出与基准、最大值、最小值相关的信息。在这一时期,关于图形和表格哪种形式对决策最有利并没有得出确切的结论,而是逐渐形成了图形优势论、表格优势论、无差异论并存的格局。

随着研究的深入,心理学和行为经济学的相关理论被逐渐引入,由认知适配理论发展而来的具象相合理论认为信息呈报格式会对决策产生影响,当外部信息的呈报格式同内部认知模式相匹配时,将有利于决策准确性和效率的提高;反之会造成信息使用者的认知困难,从而降低决策准确性和效率。后续学者在探讨"图形 vs 表格"对决策价值的影响时,开始考虑权变因素,如有学者认为任务特征、个人特征(如信息使用者在日常实务中接触较多的是表格时,他会对表格更为熟悉和偏爱)、信息的呈现形式等因素会对决策产生影响,还有学者研究也发现不同任务类型所适用的信息格式是不同的,即信息呈现形式对决策的影响受到任务复杂性的调节。

国内学者还较少关注到信息的外观形式,关于信息形式对决策影响的研究也才刚刚兴起。已有的少量文献一般是通过设计相关实验方法,验证"图形 vs 表格"对投资者判断和决策的影响。如有学者基于权变理论,对国外已有关于图表呈报格式的相关研究进行了梳理和评价;有学者发现多元化的呈报格式通过信息的可理解性这一途径,改善了管理会计报告的功能;还有学者则发现个人能力、专业知识水平会对不同信息形式的决策效果产生影响。

2.4.4 呈现形式在印象管理中的运用

正因为信息的呈现形式会对决策产生影响,当这一现象被企业管理层注意到,其就有动机通过对信息的呈现形式进行操纵来达到相应目的。已有研究表明,信息形式已成为企业印象管理策略之一,Merkl-Davies et al.(2007)将管理层在自主性信息披露中运用的印象管理策略总结为七大类,对企业报告中运用的印象管理手段做出了一个整体的评估,开始涉及图像外观的操纵效应,随后有学者以企业非常规性的恶意收购文件为研究对象,总结出三种典型的印象管理手法,包括主题操纵、修辞手法操纵和视觉操纵。其中视觉操纵就包括通过特别字体、颜色等来吸引关注,达到转移读者视线的目的,或者以表格、图形形式对管理层想要传达的信息做进一步强调来加深读者印象,从而影响其认知形成(林琳等,2015)。

"图片优势"效应指出图片越大就越能吸引读者注意力,有学者发现图片作为视觉披露策略的一部分影响着读者认知偏向于所附照片所暗示方向的程度。Jones(2011)也发现图表的使用是出于印象管理目的的管理层自利行为,而不是为了使得信息更加真实可靠。Godfrey et al.(2003)总结了对图表的操纵主要有两种方式:选择披露(selectivity)和计量扭曲(measurement distortion)。表格由于详细地展示了数据各方面细节,使得此种呈现形式更表现出准确性(MacKay et al.,1987;Vessey,1991)。在印象管理理论下,图表具有夸张、标榜、强调、比较等肯定策略作用,同时亦有隐藏和省略等防御策略作用(柳宇燕等,2019)。有学者认为图形和表格呈现形式分别与整体型处理策略和分析型策略相适配,而信息使用者个人能力的高低是决定哪一种呈现形式更有效率的决定性因素。

除了图表,色彩对于视觉、识别、理解、感知也是必不可少的,可以激起心理反应、引发和影响情绪和行为。Benbasat et al.(1986)发现图像中色彩的应用可以帮助财务信息使用者提高决策水平,特别是在受较强时间限制的情况下;根据Courtis(2004),色彩可以突出重要信息甚至可以转移读者的注意力,使其不去关注那些负面或会弱化公司绩效的信息,比如可以通过图形中的对比颜色来显示信息的差异化,通过色彩的突出来强调某些信息,通过对100家香港上市企业年报中颜色的运用与企业盈利变化的关系研究,发现当盈利上升或下降时,企业都会使用更多的颜色。

国内关于利用呈现形式进行印象管理的研究较少,且都是通过少量文字叙述形式提出。如孙蔓莉(2004b)认为,在实践中,图片、图表、颜色等可以作为公司印象管理综合策略的一部分,来达到美化公司形象、影响投资者认知目的。有学者认为,在上市公司自愿性信息披露中存在着印象管理行为,包括选取恰当信息形式来构建理想形象的主动型(获得型)印象管理手段,以及通过选择披露内容等来弱化公司不良绩效的传递从而维持公司形象的被动型(保护型)印象管理。有学者提出除了自利性归因、操纵易读性等印象管理手段之外,管理层还可以对年报中的图片、图表、颜色等进行操纵来达到印象管理目的。林琳 等(2015)以公司网站的董事长报告及业绩新闻稿为分析对象,发现特别字体、颜色、表格或图形可以对文字所表达的信息做进一步诠释,起到视觉强调的作用。还有学者认为公司可以通过选择性使用数字图表进行印象管理,业绩好的公司可以通过图表来突出这一优势,而业绩差的公司可以通图表来淡化这一趋势。此外,吉利 等(2016)认为企业出于构建和美化形象的目的,在其信息披露过程中会采取选择性报告某些事项,设计字体、颜色、语言等报告形式一类手段,并以我国2011—2013年上市公司的社会责任报告为研究对象,认为彩色封面报告能加深读者印象,起到增强记忆的作用;而企业社会责任(CSR)报告中的图片丰富了报告形式、使报告更具有信服力;表格使报告内容更易于理解,这些在一定程度上都增强了CSR报告的易读性,因此在以往易读性指标的基础上,将彩色封面、报告中图像的数量纳入易读性的衡量体系中。

2.5 文献评述

本章首先回顾企业信息披露文本中的印象管理策略,其次分别从易读性相关研究、修辞语言运用相关研究和呈现形式相关研究三个方面详细回顾了信息披露文本中的印象管理行为。通过相关文献的梳理,可以发现:

第一,目前对于易读性印象管理行为的运用研究大多停留在语言现象的判定以及动机的探析上,且考察视角单一。现有文献多从常规因素出发,比如财务业绩、公司治理、管理层特征等内部角度研究其对易读性中的印象管理行为的影响,鲜有从外部角度加以考虑。对此,本书尝试在此有所突破,在总结传统内部角度对易读性印象管理行为影响的基础上,基于卖空机制这一准自然实验来探讨对年报文本易读性的影响。

第二,近年来,对于印象管理策略中修辞语言运用研究受到较多学者的重视,然而由于修辞语言印象管理在财经领域中的应用尚不完善,定量分析的技术操作存在困难,既有国内研究对于社会责任报告披露的语言特征和运用状况考虑较少。既有国外研究中修辞性指标的界定提取在中文报告中使用受限,中文语言特征的复杂性又给语言修辞的鉴别处理带来了很大难度,针对中文修饰性指标的处理方法和精度均有待改进,这为本书关于中文修辞性指标的改进提供了研究空间。此外,在影响修饰性语言运用因素的研究中,研究视角仍然局限于企业内部,这为本书进一步将研究视角拓展至企业外部的利益相关者,探析利益相关者对修辞语言印象管理行为的影响提供了研究空间。

第三,既往研究发现文本特征和信息呈现形式同样都会影响信息使用者对于企业披露信息的认知,从而对其投资决策行为产生影响,意识到这一点,管理层已开始将信息形式操纵运用到印象管理策略中。然而鲜有研究将文本特征和呈现形式综合起来全面探析,如文本长度中字数、词语数、篇幅等特征方面的研究被纳入语义分析中的易读性研究中;管理层语调操纵被纳入语义分析的修辞语言研究中;然而对于呈现形式,受报告中图像、图表、色彩等形式数据提取技术方面的限制,现有研究大多通过手工整理进行小样本分析或通过实验方法,缺乏大样本实证结果,因此得出的结论具有一定的局限性。故而,本书尝试建立呈现形式相关指标,运用大样本实证研究,使呈现形式影响投资决策的研究结论更具有普适性。

第3章
易读性

3.1 引言

信息披露一直是解决资本市场信息不对称性的重要途径。易读性即披露信息的阅读难易程度,是使用者对于报告内容感知到的第一印象,反映了报告使用者对于信息的理解程度。对于易读性较高的信息,报告使用者能更清晰快速地理解管理层传递的重要信息,可谓"一目了然";对于易读性较低的信息,报告使用者需要花费更多的时间去揣摩管理层的意思,可谓"雾里看花"。易读性操纵则是指管理层在编制报告时有意识地通过语句长短、专业术语、生僻词语等来调节文本阅读难易程度。我国资本市场弱有效性导致信息不对称的程度较高,加之信息披露规范引入的滞后,都使得企业信息披露带来的理解难度问题愈发突出。此外,考虑到报告使用者在教育水平、风险偏好等层面不尽相同,个人的阅读理解能力难以被大众普遍察觉,管理层对其主导的披露内容开展易读性操纵行为存在着广阔的空间。

此外,融资亦是企业一直关注的重点问题。企业为了快捷、低成本地获得融资,会采取一系列举措来获得外部利益相关者的信赖,期望能够影响资金供给方的投资或放贷决策(徐朝辉 等,2016)。现有文献认为,信息披露策略已经成为公司在融资需求动机下采取的重要操控手段。一方面,较高的盈余收益是筹措债务资本的客观要求(Roychowdhury,2006)。为了达到再融资和放贷门槛,提高与债权人议价的能力,缓解债务契约条款约束,在融资需求驱动下,企业有较强的动机改变财务行为,积极借助盈余管理行为提高融资的可得性。另一方面,外部融资通过引入新的专业外部监督者,如银行、券商等,这些专业机构的加入能够承担起公司的外部治理职能,管理层的盈余管理行为必然能够有所抑制(杨继伟 等,2012;Alsharairi et al.,2012)。因此,管理层对盈余管理程度、方向、方式等策略的运用,是基于其在被识别成本和因隐藏获得额外收益之间加以权衡的结果。

此外,长期以来我国资本市场都保持"单边交易"状态,这种只能"做多"、不能"做空"的状态导致负面信息不能及时地反馈到市场中,造成股价虚高、风险积累。2010年3月31日,第一批90只股票被纳入卖空标的名单进行试点,标志着我国开始正式放松卖空管制。此后,我国先后经历了五次融资融券标的股票的大规模扩容,截至2018年底,可卖空标的股票数量达到了949只。由于卖空机制使得负面信息更快速地融入股价,对企业股价形成外部冲击,企业行为必然受此影响。针对卖空机制对企业的影响主要有两种对立观点,"约束观"和"压力观"。有学者认为卖空者发挥的信息挖掘和信息监督作用能改善信息披露质量(李春涛 等,2017),如降低盈余管理程度(Massa et al.,2015),减少财务重述(张璇 等,2016),从而显著改善了财务信息质量。然而,也有研究发现卖空机制的引入降低了披露坏消息的准确度(Li et al.,2015),更能使管理层降低对公司负面信息的披露质量。

本章试图解决以下基本问题:第一,信息披露的难易程度如何衡量?其影响因素又有哪些?第二,当企业有较强的融资需求动机时,以应计盈余管理和真实盈余管理为代表的财务信息的策略运用已经得到了多方验证,那么以易读性为代表的文本信息策略运用会产生何种作用?第三,融资需求对易读性策略运用的影响是否会在盈余操纵程度的作用下受到影响,企业盈余数字信息和易读性文本信息策略的运用会产生何种交互作用呢?第四,年报文本信息对财务信息具有重要的解释和补充作用(Amir et al.,1996),那么卖空机制的引入是否也能改善年报文本信息披露质量呢?

3.2 理论分析与假设

3.2.1 管理者视角下企业年报阅读难易程度的影响因素

在委托代理背景下,管理者更加关注如何向股东和市场展示自身良好的经营管理能力,并提升未来在经理人市场的竞争力,对其进行评判的最重要指标为企业绩效(Baiman，1990)。因此管理者最普遍的行为倾向就是彰显业绩和掩盖失误。多数研究证实了这一观点，即企业绩效与年报易读性呈正相关(Subramanian et al.，1993)，绩效较差的企业年报易读性也较差，而所在企业经营情况好的管理者则会在年报中竭力展示过去一年的成绩，并尽力将年报写得通俗易懂(阎达五 等，2002)，来释放正面有吸引力的市场信号(Rutherford，2003)。近年来，更多学者将目光转向更能体现企业长期发展水平的市场价值和未来收益。企业可以通过增强年报的易读性来提高企业市场价值(Hwang et al.，2017)，而信息披露的不清晰和不透明会导致企业资本配置偏差(Rutherford，2003)、股价同步性(Asay et al.，2017)、股价崩盘(Kim et al.，2014)等后果。综合以上理论，本章认为企业经济绩效水平会影响管理者对年报易读性的操纵行为，且体现为绩效较差的企业以更难以阅读的年报来迷惑视线；绩效较好的企业以更为简明易读的年报来自我证明。因此，本章基于代理背景下驱动管理者易读性操纵行为的经济绩效视角，提出假设1。

假设1：企业经济绩效对管理者的驱动作用对企业年报易读性水平存在显著性影响，企业经济绩效与年报易读性水平正相关。

代理理论认为管理层的履职行为会受到内外利益相关者的监督，管理层对年报易读性的操纵程度很大程度上取决于其权力的大小及其受到的监督的强度。管理层权力与内部信息透明度息息相关，管理者对披露信息的操纵空间越大，越倾向于通过隐瞒内部缺陷，美化个人功绩来进行印象管理(赵息 等，2013；吉利 等，2013)。从股权结构角度来看，公司股权集中度越高，大股东的监督作用越能够得以体现，对于内部人控制具有一定约束作用(Shleifer et al.，1997)。此外，监事会和独立董事也能在一定程度上约束管理层的利己行为(张正勇 等，2012；杨伯坚，2012)，随着两者规模的扩大，监督机制的话语权随之增大，管理者无法刻意调节披露的易读性来彰显自身能力，在操纵空间上受到一定约束。另外，董事长与总经理的两职分离能够提升对于管理层团队监督的有效性，使得管理层在撰写年报时受到更大约束(吴淑琨 等，1998)。由此本章认为，管理层受到的约束型因素越强，越难以通过"模糊"年报易读性水平的方式掩盖较差的业绩表现，由此提出假设2。

假设2：企业董事会、监事会、股权结构对管理者的约束作用对企业年报易读性水平存在显著性影响，公司治理约束水平与年报易读性水平正相关。

企业进行印象管理不能忽视管理者个体的作用。高层梯队理论表明，外部驱动因素和约束条件对管理者决策行为的影响不够稳定，管理者自身背景特征塑成的管理者风格则能产生更为长久的作用（Hambrick et al.，1984）。借鉴目前已有的印象管理相关文献对管理者特征的理论阐述，管理者规模、年龄、性别、学历等因素会对管理者风格产生塑造作用，可能一定程度反映在信息披露的语言特征上。年龄较大的企业管理者倾向于风险较少的决策（Vroom et al.，1971），多存在个人职业生涯"善始善终"的想法（姜付秀 等，2009），阅历和经验使其认同通过改善披露信息的易读性，提升公众对于企业的好感度。从性别差异心理学角度可知，男性管理者在迈尔斯-布里格斯类型指标（MBTI）测试中偏向思维型，而女性管理者更多偏向情感型，存在风险厌恶倾向（何瑛 等，2015），较为谨慎保守，对企业形象建设较为敏感，更乐于把控披露信息的表现形式，其编撰的企业年报往往更加简单明了、通俗易读。在教育水平差异上，高学历的管理者倾向于接受和遵守既定伦理原则，能够从长远视角考虑各方利益诉求。大量实证研究表明，高素质的管理者会正面影响企业战略决策等（Dyreng et al.，2010），更为注重信息披露的呈现，力求披露内容的真实完整，使其更易于被使用者理解。由此，本章从塑造管理者风格的个体特征角度提出假设3。

假设3：管理者风格特征对年报易读性水平存在显著性影响，表现为高管规模、高管平均年龄、女性占比、平均教育水平与年报易读性水平正相关。

3.2.2 融资需求、盈余操纵与年报易读性

为了赢得外部利益相关者的信赖，尽可能获取融资，管理层会积极利用信息披露操纵手段，影响市场对个人能力和公司前景的判断（Kothari et al.，2009）。出于"模糊"目的的易读性操纵作为一种低成本且不易识别的策略选择，通过扰乱信息使用者的判断来达到"隐藏"或者"归因"的目的，帮助企业渡过经营上的"短期难关"。具体来看，管理层的操纵动机、信息解读环境和监管环境三个层面，均为企业在融资需求下"模糊"易读性操纵提供了条件。

从文本易读性的操纵动机来看，对于信息提供者管理层而言，可能基于混淆假说（obfuscation）和本体假说（ontology），选择降低易读性水平（Bloomfield，2008）[①]。

[①] Li（2008）发现企业盈利能力与易读性水平呈现显著的负相关关系，盈利能力越差，年报篇幅越长，易读性越差，Bloomfield（2008）为这种现象提供了包括混淆（obfuscation）、本体论（ontology）、归因（attribution）、误导（misdirection）、保守主义（conservatism）等在内的共7种替代解释，其中混淆假说和本体假说被学术界接受的程度最高。

第一,混淆假说——由于市场对隐晦的信息反应不足或反应滞缓,管理层会尝试通过编写更加难以破译的文本来隐藏坏消息。印象管理理论指出,管理层会通过文本信息操纵的方式对年报进行印象管理,给年报阅读者留下尽善尽美的印象(孙蔓莉,2004b)。在年报信息的传递过程中,信息使用者受制于认知的局限性,会受到年报语言表述方式的误导。即相较于直截了当式的语言表述,圆通隐晦式的语言表达更容易留下好的印象。这种信息解读上的偏差一旦被管理层所获悉,可能导致策略性披露行为的产生。例如,当年报中存在负面信息时,管理层为了维护公司形象,使得传递的信息浮光掠影,在撰写年报时将更多使用复杂句式和曲折晦涩词语描述负面消息。第二,本体假说——基于损失和暂时性收入的坏消息在本质上就是难以沟通的,管理层要解释产生的亏损、超额支出等负面消息,就需要进行更多额外的印象管理来说服外部利益相关者。因此,对于有外部融资需求的企业,年度报告易读性的策略运用同样能够粉饰负面信息、树立企业正面形象,对未来的良好预期起到积极的作用。"模糊化"的易读性策略运用可能成为管理者利用资金供给者逆向选择的一种方式。

根据信号传递理论,合适的年报易读性往往和更好的财务绩效(Li,2008)、更高的企业价值(Hwang et al.,2017)以及更为积极的市场反应等相关联。较高的易读性水平提高了信息披露的质量,更容易通过精准的信息获得激发投资者的投入(Franco et al.,2015),并且通过减少公司未来表现的不确定性带来正向的市场反应(Hsieh et al.,2016)。因此,相较于易读性较差的公司,披露文本易读性水平理想的公司所需的风险溢价更低,降低了其债务融资成本(Ertugrul et al.,2017)以及股权融资成本(江媛 等,2018)。

从文本信息的解读环境来看,基于不完全相关假说,对于信息使用者而言,获取公开信息的成本越高,市场价格就越难以揭示这部分信息(Bloomfield,2002)。投资者、债权人是具备主观判断能力的个体,在对年报进行阅读和判断时,容易受到易读性和语调语气潜移默化的影响。尽管《公开发行证券的公司信息披露内容与格式准则第2号〈年度报告的内容与格式〉》(简称《年报披露准则2号》)对年报的形式、格式、内容等方面有具体的要求,但对于文本形式方面的要求,只有"表述平实,清晰易懂,语言简洁"寥寥数语,年报中大篇幅的主观语言陈述为公司管理方进行印象管理提供了空间(孙蔓莉,2004b)。相较于英语文化的线性思维,汉语文化更强调圆式思维,表现为语言更加委婉含蓄(顾曰国,1992;孟庆涛,2009),这导致中文在语义表述上更为曲折隐晦,为管理者操纵年报文本信息提供了更大的可能性。

从监管环境来看,我国资本市场缺乏对文本信息的有效监管。《证券法》中的信息披露违规主要包含不及时披露、虚假记载、误导性陈述、重大遗漏等几大类(李新颖,2019),与及时、真实、准确、完整这些信息披露要求大致对应。但根据李文华(2015)的统计,在2000—2012年的监管实践中,涉及与及时性相关的不及时披露(占比45.94%)、与真实性相关的虚假记载(占比21.33%)、与完整性相关的重大遗漏(占比23.03%)较好判断,处罚力度较大,但与准确性相关的误导性陈述(占比3.39%),缺乏有效监管使得这类操纵几乎没有成本,加之文字信息本身对比传统的数字信息来说更加隐蔽,年报文本信息操纵成为面临融资需求时获得外部利益相关者信赖的重要途径。因此,为尽可能获取融资,管理层具有强烈动机利用"模糊"易读性操纵来掩饰真实财务水平,吸引外部利益相关者投资。

尽管"模糊"的易读性操纵举措可能为提升获得融资的可能性提供有利条件,但是操纵一旦被识别从而带来资本市场的负面反弹,或者资金供给者为了避免信息不能被完全解读而追加附加条件,管理者反而可能从降低信息不对称性、提高信息透明度出发加以考虑,出于"改善"信息质量的目的而提高年报文本信息的易读性。具体来说,本章将围绕代理理论和信号传递理论分析融资需求下年报"改善性"易读性操纵的机理。

在债务融资方式中,以银行为代表的债权人基于企业综合偿债能力筛选客户、设计还款期限和合同条款,这一切须建立在高质量的信息披露机制之上。如果管理者的信息披露不完全,使得银行等债权人无法直接观察到企业的基本面信息,基于对债务人违约风险的考虑,银行会在贷款合同中制定更为苛刻的条件。此外,像银行券商等专业机构在信息解读上具备一定优势,它们拥有更丰富的信息渠道、更严格的信息监管审核以及更加专业的投资银行部门(Ertugrul et al.,2017)。若年报的易读性较差,为应对年报文本信息策略性披露产生的信息风险,银行可能会执行更高的贷款利率或更严格的贷款合同条款,降低企业的贷款可获得性。

综合来说,出于"模糊"目的的易读性操纵,从信息提供者管理层来看有粉饰绩效的自利操纵动机,从信息使用者角度来看会呈现相对复杂的信息解读环境,从监管者来看监管环境保护较薄弱。三方面的共同作用可能会导致易读性水平的负面操纵行为。出于"改善"目的的易读性运用能够在降低信息不对称程度方面起到积极作用,为投资者提供增量信息。外部资金供给者能够在提高公司治理水平、抑制企业管理层自利目的的信息操纵行为方面,起到一定的约束和治理作用。"模糊化"和"改善性"易读性的策略运用,成为企业除盈余管理之外应对资金供给者逆向选择的信息披露博弈策略(见图3.1)。基于此,提出如下假设。

假设4a:融资需求与易读性水平负相关。出于"模糊"目的考虑,企业的融资需求越大,上市公司的年报易读性越差(负面操纵)。

假设4b:融资需求与易读性水平正相关。出于"改善"目的考虑,企业的融资需求越大,上市公司的年报易读性越好(正面治理)(见图3-1)。

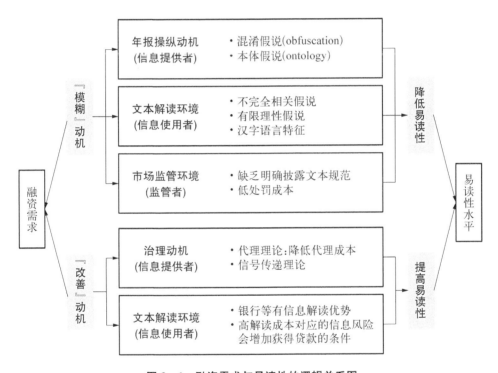

图3-1 融资需求与易读性的逻辑关系图

当企业面临较大的融资需求时,财务数据信息的策略运用和非财务文本信息策略运用,两者均是管理层在达到融资目的时的信息披露选择形式。那么基于同一的年度报告披露载体,易读性所代表的文本叙述信息策略运用是否基于配合作用和辅助作用,联合盈余管理行为的运用,共同实现信息操纵的瞒天过海,还是在盈余操纵程度受到限制情况下被迫做出的替代性策略运用选择?出于这种考虑,在此主要探讨在融资需求动机下,盈余信息和文本信息策略运用之间是否存在交互作用。

在较强的融资需求下,管理者同样会考虑易读性策略运用与盈余管理策略运用形成的交互效应。为了减轻公司盈余管理活动面临的股价下跌、声誉丧失、付出额外融资成本等风险,管理层有动机将盈余管理和易读性水平加以配合运用。从心理学的角度,文本信息的策略运用往往能够潜移默化地对阅读者心理产生影响。与直接披露数字信息相比,语言表达具有更大的灵活性,能够以更加委婉或微妙的方式向投资者传递信息。在传达印象或感觉时,管理层语调要比数字信息更加富有弹性,而且没有固定的模式或规律可循(黄超 等,2019),更能获得信息使用者的认同感。此外,基于信息解读成本考虑,与定量信息相比,有关公司经营和财务情况的定性信息令投资者更加难以评价和证实(Feldman et al.,2010)。当企业盈余管理程度较大时,同步适当降低易读性水平,对负面信息采取模糊虚化的处理方式,可降低投资者对坏消息的敏感度。反之,若是盈余管理程度本身就较小,同时提高易读性水平也能在提高信息沟通效率方面起到更加积极的作用。

在融资需求动机下,企业盈余管理策略运用和文本信息策略运用会呈现出配合效应。即盈余操纵程度越大,越能够增强易读性运用的"模糊"操纵,或者减弱易读性运用的"治理"效果。基于此,提出如下假设。

假设 5:盈余操纵对融资需求与年报易读性水平关系存在调节效应。

假设 5a:出于"模糊"目的,融资需求与易读性水平的负相关性会随着盈余操纵程度的增大而增强。

假设 5b:出于"改善"目的,融资需求与易读性水平的正相关性会随着盈余操纵程度的增大而削弱。

3.2.3 卖空机制与企业年报阅读难易程度

卖空机制具有信息挖掘功能,能够提高负面消息传递到股价的效率(Saffi et al.,2011),有效约束企业的机会主义行为。我国从 2010 年才开始引入的卖空机制尚处于发展阶段,资本市场上投机型交易者占主导地位,卖空机制能否有效发挥治理作用是一个值得验证的问题。对此本章分别基于卖空机制的"约束观"和"压力观"两个视角,探析卖空机制对于年报文本易读性的影响。

部分学者认为卖空者作为企业负面信息的重要知情者,能够对企业盈余信息环境起到强有力的治理作用。一方面,专业的卖空者能够通过卖空交易进行套利,卖空机制使得投资者有动力也有能力通过各种渠道以及花费大量时间去有效挖掘有关企业和管理层行为的负面信息(Karpoff et al.,2010)。在外部投资者积极挖掘负面信息的背景下,信息不对称情况得到改善,强有力的外部监督使得管理层的不当行为被发现的概率大大增加(Fang et al.,2016),放大了外部投资者"用脚投票"效应(Massa et al.,2015),直接威胁到管理层的自身利益。一旦卖空者发现管理层的机会主义行为时,他们会利用自身的信息优势积极地布局卖空股票,使得企业负面消息及时地反映到公司股价中,给企业股价带来较大的下行压力(Cohen et al.,2007)。管理层持有的股票或期权价值面临下行风险,股价的下跌势必会给管理层的声誉、职业生涯带来较大影响,甚至造成失业(De Angelis et al.,2017)。在卖空机制这一事前震慑下,管理层会主动减少机会主义行为,倾向于准确清晰地披露年报文本信息以释放良好的信号。

另一方面,卖空机制引入后,更多有效信息尤其是利空消息可以被反映在委托代理双方的激励合约中(Raith,2003)。大股东为了避免股价下跌带来的融资成本上升、市值缩水、客户流失等一系列严重后果(杨棉之 等,2015),会修改管理层的薪酬契约,给管理层发放更多的股权激励(De Angelis et al.,2017),增加管理层和股东的利益趋同。由此卖空机制缓解了委托代理问题,约束了管理层的不当行为,进而规范了企业的信息披露。

此外,卖空标的企业向市场传递的风险信号更有可能吸引分析师的关注(Pownall et al.,2005),提高了信息传递效率,进一步弱化信息不对称现象,提高信息披露的质量。

可见,不论是通过加重对管理层操纵行为的惩罚,还是增加激励契约的有效性,抑或是增加分析师关注度使得信息传递效率提高,卖空机制将能够降低信息不对称程度、缓解委托代理冲突,对管理层的机会主义行为形成良好的治理效应。因此,在卖空的"约束观"下,管理层减少了机会主义动机,会在年报中使用通俗易懂的语言来阐释企业的经营状况,改善信息披露质量,提高年报的易读性程度。基于以上分析,本章提出假设 6a。

假设 6a:如果"约束观"成立,卖空机制提高了年报文本易读性水平。

卖空机制的引入也可能会给公司股价带来极大的短期价格压力(Mitchell et al.,2004),这种价格压力会使得管理层信息披露策略更着重于短期利益,而非从长期价值角度出发,强化管理层的短视和短期投机行为。首先,卖空机制的引入有助于负面信息更及时融入股价,加剧了股价下跌的风险(李志生 等,2015),股票价格对精确的信息反应更加强烈(Kim et al.,1991)。为了应对卖空压力的正外部冲击和对负面消息的价格敏感性,管理层有动机降低负面消息的精确度(Li et al.,2015),依靠降低对负面信息的披露质量以维持股价(黄超 等,2019),并且期望企业的盈余在未来能发生反转。而文本表述的易读性和信息解读的准确性是两个相互竞争的维度,这意味着复杂的文本信息会增加阅读者的信息解读成本。信息解读成本越高,就越难反映在股票价格中。基于印象管理理论,管理层为了隐藏不利于个人能力评价和公司价值评估的负面消息,有动机利用披露的文本易读性进行隐藏,有意识地使年报更加复杂难懂来模糊负面消息,延缓股价的负面反应,以期渡过眼前的短期难关,加剧委托代理问题的烦琐性。

此外,由于信息不对称的存在,外部投资者作为信息劣势方,无法准确辨别管理层所披露信息的真伪。年报文本信息属于定性描述,灵活度高,加之相对薄弱空泛的法律法规监管更是为管理层提供了利用易读性进行印象管理的操纵空间。

由此,无论是出于缓解短期股价下行的压力,还是应付在市场中占大多数的被动型卖空者,抑或是文本语言操纵的较大弹性,都使得管理层有动机存在空间去进行印象管理,通过策略性增加语言表述的阅读难度以模糊和掩藏负面信息,甚至让市场认为这一消息并非负面而是好消息,释放伪利好信号,达到暂时迷惑投资者的目的。因此在"压力观"下,管理层的机会主义行为增加,年报文本易读性水平下降。基于以上分析,本章提出假设 6b。

假设 6b:如果"压力观"成立,卖空机制降低了年报文本易读性水平。

3.3　研究设计

3.3.1　管理者视角下企业年报阅读难易程度的影响因素

1. 数据来源与样本选择

以 2007—2017 年沪深两市 A 股上市公司年度报告为样本,剔除 ST 样本以及数据不全的样本观测值,最终得到 21 270 份年报。年报易读性数据取自中国研究数据服务平台(CNRDS)中的"年报文本语气"子库;财务数据、公司治理数据、高管特征数据均取自中国经济金融数据库(CSMAR)。为避免极端值影响,对连续变量进行 1% 水平的缩尾处理。

2. 变量选取

1) 被解释变量：$grade$，通过 FK 指数和 AR 指数加以衡量

《朗文词典》中对影响易读性的因素概括为文章句子的平均长度、新单词的数量、所用语言的语法复杂程度等。目前，国外基于英文文本的易读性测度方法主要有传统公式法、认知结构法、整体判断法等。整体判断法重点考量读者的主观因素，如打分评级等；认知结构法在语言处理方面难度较大、应用较少；而定量的传统公式法以其客观性较强且操作简便的特性，在大数据技术发展的现在应用最为广泛，目前具有代表性的有 Flesch-Kincaid 公式、含雾指数、Dale-Chall 公式等，均是基于文本的"单词"和"句子"两大要素来构建公式，其普遍原理认为长句会增加读者记忆负担，音节和字母数较多的难词会使读者难以确认。

然而，由于中英文在语法运用、词汇特性等方面存在较大差异，难以直接应用西方公式完成中文易读性的测度。我国对易读性的部分研究，多数为读者主观测试再评级的方法。除同英文一样考虑的词汇、句子因素外，有部分研究纳入了笔画等因素，但总体来说变量繁多复杂、缺乏参考标准。由此可见，自建公式的难度系数更大、不易尝试，而改良已有测度公式不失为一个简便可行的方法。此外，汉语的特性决定了其在难度判定上和英文同样与词、句长度相关，但缺失音节长度这一元素，而汉字数量上的庞杂使得从常用和生僻字词的角度来衡量汉语文本易读水平具有可行性。因而本章基于管理者提供信息披露可检验的客观文本难度因素，以易读性公式对文本难度进行测度。为了更好地契合中文的文本特征，我们在调整公式时考虑涵盖词汇和句子变量的公式，具体选取基于 Flesch-Kincaid 公式计算的 FK 指标和基于自动易读性（automated readability）公式计算的 AR 指标，构建的具体指标公式如下所示。

（1）AR 指标。本章运用罗德里克·森特尔（Roderick G. Senter）和埃德加·史密斯（Edgar A. Smith）在 1967 年提出的 AR 指标。该指标获取相对简便，用词汇（平均词长）和句子（平均句长）测量易读性。由于语言沟通的经济性原则，词语使用越频繁，词就会相应缩短，故汉语文本中可通过词长来衡量阅读难易程度。AR 指数越高，理解文本所需的教育水平越高，易读性越差。为确保 AR 指标的大小与易读性水平高低在方向上一致，对原有公式乘以 -1。具体公式如下：

$$AR_{it} = \left[4.17 \times \left(\frac{num_{it}}{wd_{it}}\right) + 0.39 \times \left(\frac{wd_{it}}{sent_{it}}\right) - 21.43\right] \times (-1)$$

(式3-1)

(2) FK指标。FK指标的计算参考了Flesch-Kincaid公式,该指标表示对阅读者的阅读能力要求,即指标越大,对阅读能力的要求越高,易读性越差。为使FK指标大小方向和易读性水平高低方向保持一致,同样对原有公式乘以-1,具体计算如下:

$$FK_{it} = \left(0.39 \times \frac{wd_{it}}{sent_{it}} + 11.8 \times \frac{num_{it}}{wd_{it}} - 15.9\right) \times (-1) \quad (式3-2)$$

式3-1和式3-2中,wd_{it}为上市公司i年份t年报的词语数,num_{it}为上市公司i年份t年报的字数,$sent_{it}$为上市企业i年份t年报的句子数。

2) 解释变量 per

解释变量per为公司绩效指标。以往研究多以来源于企业财务报表的财务指标指代经济绩效,反映企业的经营成果,包括权益报酬率、资产报酬率、当期年度净利润等指标。我们认为,企业运营的整体流程涉及筹资、投资、偿债等多个方面,无法用单一的盈利能力指标加以反映。基于企业价值的全面考量,本章选择具有较强综合性的盈利指标roa,以及反映公司未来预期利润和成长前景的$tobinq$指标。

3) 控制变量

公司治理层面,基于企业权力构成的主要方面和对以往文献的总结,以监事会、董事会、股权结构三方的监督制衡机制来构建gov变量,选取监事会规模(bos)、独立董事占比(idr)、两职合一(dua)和第一大股东持股比例(hhi)等指标;管理层特征层面,选取高管人数($count$)、女性高管比例($female$)、高管平均年龄(avg_age)及平均教育程度(edu)变量构建cha变量;企业层面,构建$control$变量,包括企业规模($size$)、资产负债率(lev)等。

3. 模型设计

参考相关研究模型构建思路,设计如下计量模型:

$$grade_{ijt} = \alpha_0 + \beta_1 \times per_{ijt} + \beta_2 \times cha_{ijt} + \beta_3 \times gov_{ijt}$$
$$+ \varphi \times control_{ijt} + \eta_j + \lambda_s + \mu_t + \varepsilon_{it}$$

(式3-3)

其中，i、j、t 分别指示企业、行业与年份。此外，为控制行业、所有制和时间效应，加入虚拟变量 η_j 反映行业效应，λ_s 表示所有制效应，μ_t 为年份固定效应，ε_{it} 为随机扰动项。

3.3.2 融资需求、盈余操纵与年报易读性

1. 数据来源与样本选择

本章选取我国 2007—2017 年全部 A 股上市公司作为样本。借鉴已有研究 Li(2008)和王克敏 等(2018)，依据表 3-1 中的顺序对样本公司进行筛选，最终得到 20 286 个观测样本。其中，本章年报易读性数据取自 CNRDS 中的"年报文本语气"子库，从中获得年报字数、词语数和句子数信息，结合 AR 公式计算易读性指标；财务数据、公司治理数据、高管特征数据及其他企业特征数据均取自 CSMAR 数据库；另外，在计算公司股权成本时用到的经济预测数据取自 Wind 数据库。最后，对所有的连续变量均在 1%和 99%水平上进行了缩尾处理。

表 3-1 样本选择过程

样本选择	
经整理后的原始数据	26 403
剔除：ST 和金融业观测值	1 789
剔除：资不抵债观测值	68
剔除：缺失年报易读性变量观测值	426
剔除：缺失财务数据变量观测值	3 834
最终观测值	20 286

2. 变量选取

1) 被解释变量
采用上文式(3-1)中的 AR 指标
2) 解释变量：融资需求(D_FN)
参照其他学者的做法，采用公司成长性与可实现的内生增长性之差衡量融

资需求(FN),$FN1$ 用 $(A_{it}-A_{it-1})/A_{it-1}-ROE_{it}/(1-ROE_{it})$ 计算,其中 A 表示企业总资产,ROE 表示净资产收益率;$FN2$ 用总资产的实际增长率扣除可持续增长率[净资产收益率×收益留存率/(1−净资产收益率×收益留存率)]表示。若 FN 大于行业年度的中位数,虚拟变量 D_FN 取值为1,表示融资需求较大;否则取值为0,表示融资需求较小。

3) 调节变量:盈余操纵(EM)

衡量盈余操纵程度从两方面进行考虑:一方面考虑管理层进行盈余管理时应计费用受到限制的程度,另一方面考虑对年度报告中的盈余管理程度加以衡量。

首先,参考 Baber et al.(2011)的研究,当前的净经营资产占比(net operating assets)限制了管理者将来使用增加收入作为应计费用的能力。本章考虑采用盈余管理空间大小作为盈余操纵的衡量指标,计算时采用 $t-1$ 期净经营资产除以 $t-2$ 期总资产。净经营资产占比代表了管理层进行盈余管理时受到的限制程度,净经营资产占比越大,管理层受到的限制程度越大,盈余管理的空间就相对越小。然后取年度行业中位数,如果该公司净经营资产占比小于年度行业中位数,则赋值 R_NOA_{t-1} 为1,否则赋值为0。$R\_NOA_{t-1}=1$ 代表公司盈余管理空间较大。

其次,Dechow et al.(2000)指出管理层可能通过对会计政策和会计准则的选择性使用来掩盖或者粉饰当期的真实财务绩效表现,从而形成了应计盈余管理。本章采用修正 Jones 模型(Dechow et al.,1995),将应计盈余管理作为盈余控制的另一衡量指标。具体的,采用式3-4分年度分行业来估计参数 α_1、α_2 和 α_3,然后根据式3-5计算应计盈余管理 DA,DA 取绝对值为应计盈余管理的衡量指标,该值越大,盈余管理程度越大(刘慧龙 等,2014)。

$$\frac{TA_t}{Asset_{t-1}}=\alpha_1\frac{1}{Asset_{t-1}}+\alpha_2\frac{\Delta REV_t}{Asset_{t-1}}+\alpha_3\frac{PPE_t}{Asset_{t-1}}+\varepsilon \quad (式3-4)$$

$$DA=\frac{TA_t}{Asset_{t-1}}-\left[\hat{\alpha}_1\frac{1}{Asset_{t-1}}+\hat{\alpha}_2\frac{\Delta REV_t-\Delta REC_t}{Asset_{t-1}}+\hat{\alpha}_3\frac{PPE_t}{Asset_{t-1}}\right]$$
$$(式3-5)$$

上述公式中,TA 代表总应计项目,数值上通过营业利润减去经营活动产生的现金净流量来计算;$Asset$ 代表上市公司的总资产;ΔREV 代表销售收入的增长量;ΔREC 代表应收账款的增长量;PPE 为固定资产的规模。

4) 控制变量

本章借鉴对易读性以及其他文本信息的研究,从企业特征、公司治理特征、管理层特征三个层面同时进行控制。

企业特征层面,借鉴 Li(2008)、孙文章(2019)等的做法,选取了公司规模($size$)、资产负债率(lev)、市值账面比(mb)、盈利能力(roa)、盈余变化($\Delta earn$)、盈余波动性(vol)、公司成立年数(age)、非经常性损益占比(si)、产权性质($state$)等变量。

公司治理特征层面,借鉴白重恩 等(2005)、张学勇 等(2010)构建公司治理指数时选取的持股结构与股东权益、管理层治理和董事、监事与其他治理形式三大治理维度,最终选取了第一大股东持股($top1$)、董事会规模($board$)、独董比例(idr)以及管理层持股($mahr$)指标。

管理者特征层面,借鉴张秀敏 等(2019),选取了女性高管占比($female$)、高管平均年龄(avg_age)以及高管的受教育程度(edu)。

具体的变量定义情况如表 3-2 所示。

表 3-2 变量定义表

变量类型	变量符号	变量描述
被解释变量	AR	$AR_{it} = \left[4.17 \times \left(\dfrac{num_{it}}{wd_{it}}\right) + 0.39 \times \left(\dfrac{wd_{it}}{sent_{it}}\right) - 21.43\right] \times (-1)$
解释变量	D_FN1	虚拟变量,$FN1$ 大于行业年度的中位数,取值为 1,表示融资需求较大;否则取值为 0,表示融资需求较小
解释变量	D_FN2	虚拟变量,$FN2$ 大于行业年度的中位数,取值为 1,表示融资需求较大;否则取值为 0,表示融资需求较小
调节变量	D_R_NOA	虚拟变量,R_NOA 大于行业年度的中位数,取值为 1,表示盈余操纵程度较大;否则取值为 0,表示盈余操纵程度较小
调节变量	DA	根据修正 Jones 模型(Dechow et al.,1995)计算的应计盈余管理 DA 后取绝对值
控制变量	$size$	期末总资产的自然对数
控制变量	lev	期末负债与总资产之比

续 表

变量类型	变量符号	变量描述
控制变量	mb	市场价值/账面价值
	roa	期末总资产收益率
	$\Delta earn$	本期盈余高于上期盈余取 1,低于上期则取 0
	vol	当期的前五期盈余的标准差度量
	age	公司成立年数的自然对数
	si	非经常性损益占总资产的比例
	$state$	国有企业取值为 1,非国有企业取值为 0
	$top1$	第一大股东持股比例
	$board$	董事会人数的自然对数
	idr	独立董事人数/董事会人数
	$mahr$	管理层期末持股数/总股数
	$female$	女性高管人数占高管总人数之比
	avg_age	所有高管年龄的平均值的自然对数
	edu	高管受教育程度的平均值,受教育程度划分为大专以下取 1,大专取 2,本科取 3,硕士取 4,博士取 5
	$year$	年度虚拟变量
	$industry$	行业虚拟变量

3. 模型设计

为检验企业融资需求与年报易读性之间的关系,本章基于假设 4,参考 Li(2008)和王克敏 等(2018)的做法,构建式 3-6:

$$AR_{it} = \alpha_0 + \alpha_1 D\_FN_{it} + \alpha_2 size_{it} + \alpha_3 lev_{it} + \alpha_4 mb_{it} + \alpha_5 roa_{it}$$
$$+ \alpha_6 \Delta earn_{it} + \alpha_7 vol_{it} + \alpha_8 age_{it} + \alpha_9 si_{it} + \alpha_{10} state_{it}$$
$$+ \alpha_{11} top1_{it} + \alpha_{12} board_{it} + \alpha_{13} idr_{it} + \alpha_{14} mahr_{it}$$

$$+ \alpha_{15} female_{it} + \alpha_{16} avg\_age_{it} + \alpha_{17} edu_{it}$$
$$+ \sum year_t + \sum industry_t + \varepsilon_{it}$$

(式 3-6)

根据假设 4a,若企业年报易读性水平是出于"模糊"目的的负向操纵行为, D_FN 的系数 α_1 预计显著为负;根据假设 1b,若企业年报易读性水平是出于"改善"目的的正面治理行为,D_FN 的系数 α_1 预计显著为正。

为了检验盈余操纵对于融资需求与易读性水平之间关系的调节作用,本章基于假设 5,构建式(3-7):

$$AR_{it} = \alpha_0 + \beta_1 EM_{it} \times D\_FN_{it} + \beta_2 D\_FN_{it} + \beta_3 EM_{it} + \beta_4 size_{it}$$
$$+ \beta_5 lev_{it} + \beta_6 mb_{it} + \beta_7 roa_{it} + \beta_8 \Delta earn_{it} + \beta_9 vol_{it} + \beta_{10} age_{it}$$
$$+ \beta_{11} si_{it} + \beta_{12} state_{it} + \beta_{13} top1_{it} + \beta_{14} board_{it} + \beta_{15} idr_{it}$$
$$+ \beta_{16} mahr_{it} + \beta_{17} female_{it} + \beta_{18} avg\_age_{it} + \beta_{19} edu_{it}$$
$$+ \sum year_t + \sum industry_t + \varepsilon_{it}$$

(式 3-7)

根据假设 5,预计交乘项的系数 β_1 显著为负。

3.3.3 卖空机制与企业年报阅读难易程度

1. 数据来源与样本选择

本章选取的样本为 2007—2018 年沪深两市全部 A 股上市公司披露的年度报告,剔除金融行业样本 755 个,ST、ST、PT 样本 1 537 个,截至 2018 年 12 月 31 日被撤出卖空标的名单的样本 868 个以及变量缺失的样本 5 590 个,最终得到 20 780 个"公司—年度"样本。年报文本易读性指标公式计算过程中涉及的"年报字数""年报词汇数""年报句子数"来源于 CNRDS 数据库,其余的卖空数据、财务数据、公司治理数据及高管特征等数据均取自 CSMAR 数据库,已对所有连续变量在 1%水平上进行缩尾处理。

2. 变量选取

1) 被解释变量:"AR 指数"和"平均句长"

AR 指数同上文式 3-1。

平均句长 len 计算公式如式(3-8)所示：

$$len_{it} = num_{it}/sent_{it} \qquad \text{(式 3-8)}$$

len 数值越大，表示文本阅读难度越大，为了便于理解，同样将 len 乘以 -1。

2) 解释变量：卖空机制

参照褚剑 等(2016)的研究，多时点双重差分模型中的 $list$ 表示是否纳入卖空名单的虚拟变量，若在卖空名单中取值为 1，否则为 0。$postlist$ 为卖空名单($list$)和卖空时点($post$)的交乘项，公司进入卖空名单的当年和以后年度取值为 1，否则为 0。本章将卖空标的名单中 949 家公司的样本定义为处理组。实证检验变量的定义如表 3-3 所示。

表 3-3 变量定义表

变量类型	变量名称	变量符号	变量定义
被解释变量	易读性	AR	automated readability 公式，乘以 -1
	易读性	len	平均句长，乘以 -1
解释变量	卖空名单	$list$	虚拟变量，若在卖空标的名单中，则取值为 1，否则为 0
	卖空交乘项	$postlist$	虚拟变量，进入卖空名单的当年及以后年度取值为 1，否则为 0
控制变量	资产负债率	lev	期末总负债/期末总资产
	非经常性损益占比	si	非经常性损益/资产总额
	市值	mv	公司市值的对数
	总资产报酬率	roa	净利润/总资产
	公司成立年数	age	公司上市至今年数
	股权集中度	$top1$	第一大股东持股比例，即期末持股比例最大的股东持有的股票数量占总股本的比例
	独董占比	idr	独立董事人数占董事会总人数的比例
	两职合一	dua	虚拟变量，若董事长总经理为同一人，则为 1，否则为 0

续 表

变量类型	变量名称	变量符号	变量定义
控制变量	并购事件	ma	虚拟变量,本年发生并购事件取值为1,否则为0
	增发事件	seo	虚拟变量,本年发生增发事件取值为1,否则为0
	女性高管占比	$female$	女性高管人数占总高管人数的比例
	高管教育水平	edu	高管平均学历,分段为高中及以下、大专、本科、研究生
	行业	$industry$	行业虚拟变量
	年度	$year$	年度虚拟变量

3. 模型设计

本章借鉴褚剑 等(2016)、王仲兵 等(2018)的做法,设计如下多时点双重差分模型,定义卖空名单($list$)和卖空时点($post$)两个虚拟变量,为了避免与卖空交乘项($postlist$)形成严重的共线性问题,参考众多学者的做法在模型中不加入 $post$ 虚拟变量。直接检验卖空机制对年报文本易读性水平的影响的模型如式3-9所示。

$$readability_{it} = \alpha_0 + \alpha_1 list_{it} + \alpha_2 postlist_{it} + \alpha_3 controls_{it} + year + industry + \varepsilon_{it}$$

(式3-9)

其中,i、t 分别指示企业与年份。在式3-9中,被解释变量为年报文本易读性水平(readability),$readability$ 数值越大,代表文本易读性水平越高,阅读难度越低,更加通俗易懂。

如果卖空名单和卖空时点的交乘项($postlist$)的系数 α_2 符号为正,表明卖空机制约束了管理层的机会主义行为,抑制了企业在年报文本披露时选择增加阅读难易程度这一印象管理行为,支持了卖空机制的"约束观",验证了假设6a。如果系数 α_2 符号为负,表明卖空机制加剧了管理层的机会主义行为,促使企业在年报文本披露时选择增加阅读难度这一印象管理行为,支持了卖空机制的"压力观",验证了假设6b。

3.4 实证检验与结果分析

3.4.1 管理者视角下企业年报阅读难易程度的影响因素

1. 描述性统计

基于构建的计量模型,各指标变量的描述性统计结果如表 3-4 所示:

表 3-4 计量指标描述性统计

变 量	含 义	样本量	均值	标准差	最小值	最大值
被解释变量——易读性指标($grade$)						
FK	FK 指数公式	21 270	−42.080	4.765	−64.110	−32.960
AR	automated readability	21 270	−10.310	2.684	−20.080	−4.501
解释变量						
公司绩效						
roa	资产收益率	21 270	0.043	0.051	−0.164	0.195
$tobinq$	托宾 Q 值	21 270	2.302	1.490	0.969	9.585
公司治理结构						
bos	监事会规模	21 270	3.731	1.222	3.000	9.000
idr	独立董事占比	21 270	0.371	0.052	0.308	0.571
dua	两职合一	21 270	1.757	0.429	1.000	2.000
hhi	第一大股东持股比例	21 270	36.060	15.030	9.340	75.420
管理者特征						
$count$	高管人数	21 270	19.010	4.938	11.000	35.000
$female$	女性高管比例	21 270	0.169	0.106	0.000	0.462

续　表

变　量	含　义	样本量	均值	标准差	最小值	最大值
avg_age	高管平均年龄	21 270	48.570	3.196	40.950	56.070
edu	高管平均教育程度	21 270	3.291	0.482	2.000	4.333
其他变量						
$size$	公司规模	21 270	22.010	1.379	19.540	26.900
lev	资产负债率	21 270	0.435	0.218	0.047	0.945

就全样本企业整体来看,在年报易读性方面,改良后的 FK 指数均值为 -42.080,最大值为 -32.960,最小值为 -64.110,可见我国上市公司在年报易读性水平上有较大差距,表明企业存在操纵信息披露易读性的较大空间,AR 指数也显示出相同的特征。从公司绩效角度看,资产收益率(roa)均值为 0.043,托宾 Q 值($tobinq$)均值为 2.302,其标准差均较小,可见我国上市公司企业绩效未存在显著差距,市场竞争较为激烈。在公司治理结构方面,监事会规模(bos)平均接近 4 人,独董占比(idr)37.1%,略高于《上市公司治理准则》要求的三分之一的及格线。在管理者特征方面,平均女性高管占比($female$)约为 16.9%;高管平均年龄(avg_age)超过 48 岁,说明我国企业高管团队呈现"高龄化";高管平均教育程度(edu)为 3.291,即高管平均学历水平略高于本科学历。

2. 易读性变化趋势

图 3-2 呈现出我国上市公司年报易读性水平在 2007—2017 年的变化情况,FK 和 AR 指标均在 2012 年前后达到了整体最差的 -43.130 和 -11.130。企业年报的易读性水平经历了 2008 年前后的容易阅读到 2009—2012 年的不易阅读阶段,2012 年以来整体易读性水平则有所改善并持续提高。

对此我们初步认为,2009 年之前,我国证券资本市场以及相关的信息披露制度仍处在基础建设阶段,当时企业普遍的发展程度决定了年报的信息丰度较低,管理者在撰写年报时对易读性进行主动操纵的意识和情况较少,资本市场中投资者对于信息的敏感和重视程度较弱,因此年报易读水平相对较好。而随着企业规模的扩大和管理者经验的积累,部分公司对年报语言开始精心"修饰";同

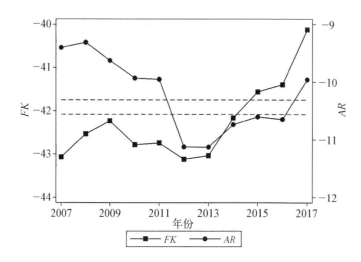

图3-2 易读指数年度变化趋势图(全样本)

时这一阶段内金融危机的影响和公司治理问题的大范围暴露,使得众多企业面临财务和形象上的困境,具备了降低披露易读性以掩盖负面事件的动机,这从企业内部角度解释了样本统计中期阶段(2009—2012年)企业年报明显难读的特征。

2012年《年报披露准则2号》对"股东大会情况简介""监事会报告""内部控制"等章节做出删减,缩短了"摘要"的内容要求(齐灶娥,2017),从图3-2可以看出此后企业年报易读性明显好转。上市企业2012年之后的年度报告更加简明清晰,年报披露质量相对改善,文本信息方面的易读性水平也相应提高。

3. 基准回归结果

本章采用固定效应模型进行检验,结果如表3-5所示。本章实证结果Hausman检验的P值均远小于0.1,故拒绝原假设,认定采用固定效应模型是合理的。

表3-5 年报易读性影响因素基准估计结果(面板固定效应估计)

变量	(1)	(2)	(3)	(4)
	FK	FK	AR	AR
roa	0.873	2.061***	2.195***	1.133***
	(1.85)	(4.81)	(7.09)	(5.22)

续 表

变量	(1) FK	(2) FK	(3) AR	(4) AR
tobinq	0.297***	0.212***	0.060**	0.089***
	(7.87)	(6.90)	(3.27)	(4.80)
bos	0.030	0.057	0.107**	0.034
	(0.64)	(1.11)	(2.92)	(0.86)
idr	−0.474	−0.540	−1.309**	−0.714
	(−0.62)	(−0.75)	(−3.40)	(−1.98)
dua	0.180*	0.178*	0.080	0.041
	(2.17)	(2.13)	(1.85)	(0.81)
hhi	−0.013*	0.002	−0.002	0.002
	(−2.60)	(0.29)	(−0.78)	(0.51)
count	−0.003	0.012	−0.024***	0.006
	(−0.36)	(1.29)	(−5.59)	(1.30)
female	3.085***	2.304**	0.484*	1.282***
	(6.23)	(3.77)	(2.11)	(4.67)
avg_age	−0.043	−0.041*	−0.132***	−0.019*
	(−1.63)	(−2.25)	(−13.40)	(−2.10)
edu	0.498***	0.303**	−0.131	0.120
	(4.47)	(2.98)	(−1.79)	(1.69)
size	0.064	−0.435***	−0.445***	−0.244***
	(0.57)	(−4.45)	(−8.57)	(−4.86)
lev	−1.551***	−1.311***	−0.303*	−0.670***
	(−5.45)	(−4.52)	(−2.18)	(−4.97)

续　表

变　量	(1)	(2)	(3)	(4)
	FK	FK	AR	AR
常　量	−43.320***	−30.790***	6.655***	−2.272
	(−11.84)	(−12.97)	(4.69)	(−2.01)
行业效应	NO	YES	NO	YES
所有制效应	NO	YES	NO	YES
年份效应	NO	YES	NO	YES
Hausman	0.000	0.000	0.000	0.000
N	21 270	21 270	21 270	21 270

注：*、**、***分别表示在10%、5%和1%的统计水平上显著。小括号内为 t 值或 z 值。本章使用聚类稳健性标准差，聚类(cluster)为行业层面。

由表3-5可知，考虑了行业效应和年份效应，企业绩效、公司治理水平、管理者特征均对年报易读性水平存在显著的影响差异。首先，在企业绩效方面，以 FK 指数和 AR 指数计算的指标与 roa 在1%的统计水平上均显著为正，即验证了假设1中绩效与企业年报易读性水平正相关的结论。表明企业的当期盈利水平越差时，管理层可能使用越为复杂模糊的披露语言掩饰自身管理水平的不足，增加年报阅读难度；当期绩效较好时，管理者会将信息披露作为一种宣扬自身业绩的手段，改善年报易读性水平以求吸引更多的投资者。同时以 FK 指数和 AR 指数计算的指标与 tobinq 的估计值均在1%的统计水平上为正，这一结果同样与假设1一致。表明在经济绩效的驱动方面，不论是从短期的盈利能力，还是从未来预期利润和成长前景的角度来看，经济绩效对易读性水平都能起到显著的作用，绩效越差的企业越有可能呈现出更差的易读性水平。

在约束型因素即公司治理方面，监事会规模(bos)与 AR 指标在5%的统计水平上显著正相关，与 FK 指标的相关系数虽然不显著，但也呈现出一致的正向关系，表明监事会规模越大、监管程度越强，对易读性的改善越能起到显著作用，与研究假设相符。独立董事指标系数(idr)在5%的统计水平上负相关，独立董事未能在年报易读性方面起到有效制约作用。这在于我国独立董事制度的强制性设立是2001年才开始引入，选聘、薪酬激励和行权机制均不成熟，公司治理制度尚待完善；同时，独立董事未能起到积极的监督作用与独立董事为兼职职业、缺乏具体有效监督手段等都有密切关系。两职合一指标(dua)与 FK 指标在 10% 的统计水平上显著正相关，该结果与研究假设相悖，我们认为原因在于我国的公司治理机制中两职分离与合一的界限不够明确。在现有文献中，尽管诸多学者认为董事长能够对经营者经营行为进行监督，但实际上这种监督作用是有限的，可能产生董事和高管之间的权力之争，不利于年报信息披露质量的保障和稳定。在第一大股东持股比例(hhi)方面，系数在 10% 的显著性水平上呈现出负相关关系，表明较高的股权集中度会削弱年报的易读性水平，此时年报信息加工的对象主要是面对大股东以外的小股东等，信息提供者由管理者变为企业整体，更倾向于操纵信息易读性使其复杂难懂来"模糊"外部利益相关者的视线。这也说明我国特殊的"一股独大"矛盾在代理问题中更为严重。

另外，从体现个人风格因素的管理者特征指标回归结果来看：女性高管占比($female$)与 FK 和 AR 指数均显著正相关，女性高管占比的增加对应着更良好的易读性水平。这意味着女性高管的风险厌恶和情感型心理更能够提高年报易读性水平，使年报愈发简明清晰。高管平均年龄(avg_age)与易读性指标呈显著负相关关系，与假设结果相悖，这可能是由于年轻的高管更具有冒险精神，但出于整体职业生涯的考虑，高风险性的决策一旦失败，会影响其在业内的声誉和机会，这种驱动下的风险规避态度会强于年龄比较大的高管为保全职业生涯的风险规避态度。平均受教育程度(edu)与年报易读性也呈现出显著正相关关系，高学历的管理者更容易正向影响企业决策，注重信息的呈现。由此可见，企业高管形成的风格特征同样影响着年报易读性受管理者操纵的情况。女性高管占比的增加、高管团队年轻化、高管受教育程度的提高，在丰富高管团队多样性的同时，能够从风险规避、伦理遵循等层面，更易形成谨慎有效的管理层内部监督制约机制，有助于控制年报易读性操纵行为。

3.4.2　融资需求、盈余操纵与年报易读性

1. 描述性统计

为了更直观体现出 2007—2017 年这十年间上市公司年度报告易读性水平的整体变化情况，本章进一步对 AR 指标进行分年度的均值统计，具体变化趋势如图 3-3 所示。

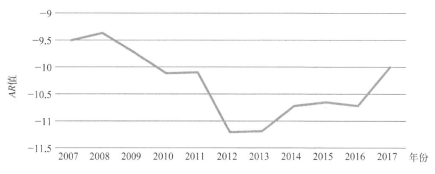

图 3-3 2007—2017 年年报易读性水平变化

整体来说,上市公司年度报告的易读性水平在 2007—2012 年间持续变差,2012 年易读性整体水平降至最低,之后呈现出较明显的易读性水平改善趋势。上市公司年报的易读性水平监管方面,一直以来没有比较明确的制度或者法规要求。《年报披露准则 2 号》[①]和《中华人民共和国证券法》是年报披露的主要依据,其中针对易读性的要求比较有限,具体要求也相对模糊。2012 年作为年度披露要求的分水岭,《年报披露准则 2 号》也进行了较大幅度的修订,之后相继删减了"股东大会情况简介""监事会报告""内部控制"等章节,缩减了"摘要"部分的内容要求(齐灶娥,2017)。整体看 2012 年之后企业年报朝着简明、清晰的方向改进,年度报告的披露质量有了相对明显的提升,文本信息方面的易读性水平也基本符合这样的变化趋势。

2. 多元回归结果分析

为了考察上市公司融资需求对年报易读性水平的影响,本章使用 logistic 回归,具体的回归结果如表 3-6 所示。

第(1)(2)列给出以 D_FN1 作为解释变量时的回归结果。可以看到,在不加入控制变量的情况下,D_FN1 的系数在 1% 的水平下显著为正(0.106, $t=$ 2.62),在加入控制变量之后,第(2)列中 D_FN1 的系数仍然在 1% 的水平下显著为正(0.187, $t=4.86$)。这表明融资需求与易读性水平显著正相关,即融资需求越大,企业年报易读性水平越高。第(3)(4)列给出以 D_FN2 作为解释变量时的回归结果,结果同样显著为正,表明融资需求与企业年报的易读性水平呈现显著的正相关关系。

---

① 《年报披露准则 2 号》仅提及"公司编制年度报告时可以图文并茂,采用柱状图、饼状图等统计图表,以及必要的产品、服务和业务活动图片进行辅助说明,提高报告的可读性""公司应当对可能造成投资者理解障碍以及具有特定含义的术语作出通俗易懂的解释"等宽泛表述。

表 3-6 融资需求与年报易读性水平的回归结果

变量	(1) AR	(2) AR	(3) AR	(4) AR
D_FN1	0.106*** (2.62)	0.187*** (4.86)		
D_FN2			0.082** (2.02)	0.161*** (4.19)
size		−0.434*** (−9.04)		−0.436*** (−9.06)
lev		−0.761*** (−3.70)		−0.759*** (−3.70)
mb		0.059*** (3.10)		0.057*** (3.00)
roa		−0.011 (−0.02)		−0.214 (−0.33)
$\Delta earn$		0.112*** (2.74)		0.113*** (2.75)
vol		2.728*** (3.10)		2.708*** (3.08)
age		−0.266** (−2.02)		−0.270** (−2.05)
si		−7.041*** (−4.50)		−7.087*** (−4.53)
state		−0.023 (−0.25)		−0.022 (−0.24)

续 表

变 量	(1) AR	(2) AR	(3) AR	(4) AR
top1		0.138		0.123
		(0.57)		(0.51)
board		0.566**		0.565**
		(2.44)		(2.44)
idr		1.127*		1.127*
		(1.75)		(1.75)
mahr		0.008***		0.008***
		(4.43)		(4.44)
female		0.543*		0.546*
		(1.73)		(1.74)
avg_age		−1.163*		−1.178*
		(−1.92)		(−1.94)
edu		0.420***		0.420***
		(5.56)		(5.56)
常量	−8.986***	2.288	−8.974***	2.428
	(−36.34)	(0.91)	(−36.31)	(0.96)
年份效应	YES	YES	YES	YES
行业效应	YES	YES	YES	YES
观测值	20 286	20 286	20 286	20 286
R^2	0.076	0.151	0.076	0.151

注：*、**、***分别指在10%、5%和1%的统计水平上显著，括号内为 t 值。

3.4.3 卖空机制与企业年报阅读难易程度

1. 描述性统计分析

基于本章构建的计量模型,研究变量的描述性统计结果如表 3-7 所示。从全样本数据来看,衡量易读性的 AR 指数最小值为 -18.880,最大值为 -2.352,数值跨度较大,表明我国上市公司披露的年报文本易读性水平存在着较大差异,侧面反映了年报文本易读性操纵具有较大的空间。AR 的平均值为 -9.629,接近于中位数 -9.741,说明易读性水平分布较为平均,普遍在中等水平。另一个衡量易读性的指标 len 也呈现出相同的趋势。从解释变量卖空机制来看,list 的平均值为 0.398,postlist 的平均值为 0.216,说明我国目前允许卖空的股票数量较少,本章的处理组样本量为 8 270 个,进入卖空标的名单后的样本量为 4 487 个。

表 3-7 研究变量的描述性统计结果

变量	含义	样本量	平均值	中位数	标准差	最小值	最大值
AR	易读性	20 780	-9.629	-9.741	3.122	-18.880	-2.352
len	易读性	20 780	-145.453	-147.013	31.456	-237.347	-78.800
$list$	卖空名单	20 780	0.398	0.000	0.489	0.000	1.000
$postlist$	卖空交乘项	20 780	0.216	0.000	0.411	0.000	1.000
lev	资产负债率	20 780	0.428	0.425	0.203	0.052	0.941
si	非经常性损益占比	20 780	0.009	0.005	0.016	-0.016	0.114
mv	市值	20 780	22.650	22.524	1.120	20.560	26.110
roa	总资产报酬率	20 780	0.047	0.040	0.045	-0.172	0.196
age	上市年限	20 780	9.263	8.000	6.477	0.000	27.000
$top1$	股权集中度	20 780	35.810	33.980	14.910	8.770	75.000
idr	独董占比	20 780	0.372	0.333	0.053	0.308	0.571

续　表

变　量	含　义	样本量	平均值	中位数	标准差	最小值	最大值
dua	两职合一	20 780	0.245	0.000	0.430	0.000	1.000
ma	并购事件	20 780	0.771	1.000	0.420	0.000	1.000
seo	增发事件	20 780	0.129	0.000	0.336	0.000	1.000
$female$	女性高管占比	20 780	0.174	0.158	0.109	0.000	0.667
edu	高管教育水平	20 780	3.295	3.333	0.479	2.000	4.333

2. 全样本回归结果分析

表 3-8 列示了卖空压力对年报文本易读性操纵的回归结果。第(1)(2)列分别是易读性指标 AR 和 len 对卖空压力的实证结果，均控制了年度和行业固定效应。从中我们可以发现，AR 指数与卖空交乘项（$postlist$）在 5% 的水平上显著负相关，len 与卖空交乘项（$postlist$）在 1% 的水平上显著负相关，其中 AR 指数与 $postlist$ 的系数为 −0.139，len 与 $postlist$ 的系数为 −1.632，这一结果表明在卖空压力下，管理层的短视问题和短期投机行为进一步强化，为了缓解股价下行的压力，应付在市场中占大多数的被动型卖空者，加上文本语言操纵的较大弹性，管理层有动机也有空间去进行印象管理，通过策略性增加语言表述的阅读难度以模糊负面信息，以期渡过短期难关。从而支持了假设 6b，即卖空机制的"压力观"。

表 3-8　卖空与易读性全样本回归结果

变　量	(1)	(2)
	AR	len
$list$	−0.218***	−2.007***
	(−4.10)	(−4.08)
$postlist$	−0.139**	−1.632***
	(−2.18)	(−2.77)

续　表

变　　量	(1)	(2)
	AR	len
lev	−1.031***	−9.987***
	(−9.42)	(−9.88)
si	−2.933***	−30.144***
	(−2.81)	(−3.12)
mv	−0.311***	−3.152***
	(−13.00)	(−14.27)
roa	0.842**	9.770**
	(2.02)	(2.54)
age	−0.019***	−0.221***
	(−6.27)	(−7.76)
top1	−0.003***	−0.029***
	(−2.83)	(−2.73)
idr	0.487	5.174*
	(1.55)	(1.78)
dua	0.044	0.635*
	(1.11)	(1.72)
ma	−0.004	0.139
	(−0.09)	(0.38)
seo	0.048	0.565
	(0.96)	(1.23)
female	0.663***	6.273***
	(4.09)	(4.19)

续 表

变量	(1) AR	(2) len
edu	0.512***	4.754***
	(14.16)	(14.24)
常量	−4.093***	−90.476***
	(−6.68)	(−15.98)
年份效应	YES	YES
行业效应	YES	YES
样本量	20 780	20 780
R^2	0.438	0.528

注：*、**、***分别表示在10%、5%和1%的统计水平上显著,小括号内为 t 值。

此外,从控制变量与易读性的回归结果来看,盈利能力(roa)与易读性的回归系数显著为正,说明业绩越好的企业,越倾向于使用浅显的语言来彰显自身的优良业绩表现,改善文本易读性水平以求吸引更多的投资者;而业绩越差的企业,越容易在掩饰自身管理水平不足的欲望驱动下,使用更为复杂模糊的披露语言,增加年报阅读难度以转移投资者视线,这一结论与 Li (2008)、王克敏 等(2018)的研究相一致。资产负债率(lev)与易读性水平显著负相关,说明财务杠杆越高的企业越容易采用降低文本易读性的印象管理手段。非经常性损益占比(si)与易读性水平显著负相关,表明本年发生的非经常性业务越多,企业越有可能使用复杂模糊的语言来进行掩盖。股权集中度($top1$)和易读性指标的系数在1%的水平上显著为负,在一定程度上说明了控股股东权利越大,较高的代理成本加大了易读性操纵行为发生的可能性。从管理层特征来看,女性高管占比($gender$)、高管教育水平(edu)都与易读性水平显著正相关,反映了女性高管以及教育水平较高的高管更倾向于在年报中使用通俗易懂的语言来降低信息不对称程度,力求更易于使用者的理解。

3.5 稳健性检验

3.5.1 管理者视角下企业年报阅读难易程度的影响因素

虽然计量方程涵盖了企业绩效、公司治理、高管特征等与企业相关的主客观变量，但仍会遗漏一些对易读性指标产生影响的其他变量。同时被解释变量与解释变量之间也可能因内生性问题造成逆向影响，从而影响结果的可靠性。为此我们参照研究，采用两步系统动态GMM方法进行稳健性检验（Roodman，2009）（见表3-9）。结果基本与原假设保持一致，在部分变量如女性高管比例（$female$）、受教育程度（edu）等指标的显著性上有所增强。

表3-9 上市企业易读性分行业估计结果（系统两阶段 GMM 估计）

变量	(1) FK	(2) FK	(3) AR	(4) AR
L.FK	0.463***	0.682***		
	(12.72)	(16.92)		
L.AR			0.479***	0.542***
			(16.84)	(19.15)
roa	1.950***	1.495**	0.245***	0.052*
	(2.70)	(2.00)	(3.56)	(1.87)
tobinq	0.125***	0.094***	0.046***	0.046***
	(4.70)	(3.46)	(2.91)	(2.83)
bos	−0.121**	−0.123**	0.029	0.006
	(−2.25)	(−2.49)	(0.99)	(0.21)
idr	1.653*	1.149	0.862*	0.586
	(1.95)	(1.37)	(1.78)	(1.17)

续　表

变　量	(1)	(2)	(3)	(4)
	FK	FK	AR	AR
dua	−0.108	−0.135	0.018	−0.009
	(−1.05)	(−1.31)	(0.30)	(−0.13)
hhi	−0.001	−0.003	−0.000	−0.001
	(−0.23)	(−1.02)	(−0.12)	(−0.57)
count	0.015	0.016	0.007	0.008
	(1.39)	(1.44)	(1.17)	(1.25)
female	1.498***	1.221***	0.210	0.454*
	(3.38)	(3.02)	(0.84)	(1.82)
avg_age	0.007	0.031*	−0.008	0.002
	(0.39)	(1.85)	(−0.78)	(0.19)
edu	0.672***	0.482***	0.330***	0.300***
	(6.03)	(4.61)	(5.46)	(5.07)
size	−0.171***	−0.097*	−0.126***	−0.123***
	(−2.78)	(−1.83)	(−3.75)	(−3.71)
lev	−1.706***	−1.107***	−0.505***	−0.394**
	(−5.83)	(−4.03)	(−3.20)	(−2.51)
常　量	−21.143***	−13.897***	−3.841***	−3.505***
	(−10.95)	(−7.58)	(−5.32)	(−5.34)
行业效应	NO	YES	NO	YES
年份效应	NO	YES	NO	YES
AR(1)	0.000	0.000	0.000	0.000

续表

变量	(1) FK	(2) FK	(3) AR	(4) AR
AR(2)	0.152	0.340	0.152	0.452
Hansen/Sargan	0.143	0.168	0.101	0.268
样本量	17 133	17 133	17 133	17 133

注：*、**、***分别表示在10%、5%和1%的统计水平上显著,小括号内为 t 值。
AR(1)和 AR(2)检验的原假设为"扰动项不存在自相关",GMM 估计的一致性要求差分方程不存在二阶或者更高阶的自相关,但允许存在一阶自相关,原假设下统计量服从标准正态分布;Hansen/Sargan 检验的原假设为"工具变量过度识别",若原假设被接受,则表明工具变量的选择是合理的,原假设下统计量服从正态卡方分布。

3.5.2 有关融资需求、盈余操纵与年报易读性

1. 被解释变量替代指标检验

借鉴 Flesch-Kincaid 公式来计算 FK 指标,该指标同样是衡量对于阅读者的阅读能力要求,即指标越大,对于阅读能力要求越高,易读性越差。为了使指标大小方向和易读性水平高低方向保持一致,同样在 FK 公式的基础上乘以 -1,具体的计算方式如式3-10所示：

$$FK_{it} = \left(0.39 \times \frac{wd_{it}}{sent_{it}} + 11.8 \times \frac{num_{it}}{wd_{it}} - 15.9\right) \times (-1) \quad （式3-10）$$

此外,由于现有的易读性指标测量公式大多来源于英文语义体系下的测度,该计算方式在国内尚未得到普及和完全认可,因此借鉴孙文章(2019)的研究成果,另外选择了"每词平均字数"[$num/wd \times (-1)$]以及"每句平均单词数"[$wd/sent \times (-1)$]作为易读性指标的替代变量进行检验,这两个指标作为 AR 指标和 FK 指标公式中重要组成部分,排除了因公式系数差异对指标有效性的影响。替换被解释变量的回归结果如表3-10所示。可以看到以 FK、"每词平均字数"($-num/wd$)、"每句平均单词数"($-wd/sent$)为被解释变量时,结果均显著为正,假设4b再次得到验证且结果相对稳健。

表 3-10 替换被解释变量的回归结果

变量	(1) FK	(2) FK	(3) $-num/wd$	(4) $-num/wd$	(5) $-wd/sent$	(6) $-wd/sent$
D_FN1	0.453***		0.049***		0.033*	
	(7.08)		(5.50)		(1.62)	
D_FN2		0.392***		0.038***		0.021**
		(6.17)		(4.26)		(2.43)
常量	−11.150***	−10.811**	−0.186	−0.141	−41.267***	−41.229***
	(−2.63)	(−2.55)	(−0.34)	(−0.26)	(−8.32)	(−8.31)
控制变量效应	YES	YES	YES	YES	YES	YES
年份效应	YES	YES	YES	YES	YES	YES
行业效应	YES	YES	YES	YES	YES	YES
观测值	20 286	20 286	20 286	20 286	20 286	20 286
R^2	0.211	0.210	0.128	0.128	0.243	0.243

注：*、**、***分别指在10%、5%和1%的统计水平上显著，括号内为 t 值。

2. 解释变量替代指标检验

由于解释变量采用公司成长性与可实现的内生增长性之差来进行衡量，该指标可能与公司发展状况、所在生命周期显著相关，不能完全刻画对于资金的即时需求状况。对此本章进一步考虑借鉴张正勇 等（2017b）的做法，从实际现金流量的角度利用现金充足率来衡量融资需求情况。设置现金充足率[$CASH=$ 经营活动现金净流量/（购建固定资产、无形资产和其他长期资产的现金支出＋分配股利和偿付利息的现金支出）]，同时设置现金充足率的虚拟变量 D_CASH，若现金充足率大于行业年度均值，则认为其融资需求较小，D_CASH 取值为 0，否则取值为 1。表 3-11 给出了替换融资需求变量后的回归结果。以 AR 和 FK 指标为被解释变量，D_CASH 和 $CASH$ 的系数均显著，即融资需求与易读性指标之间的正相关关系仍然显著存在。假设1b再次得到验证且结果稳健。

表 3-11 替换解释变量的回归结果

变量	(1) AR	(2) AR	(3) FK	(4) FK
D_CASH	0.078*		0.184***	
	(1.89)		(2.69)	
CASH		−0.016*		−0.027*
		(−1.86)		(−1.88)
常量	2.405	2.637	−10.716**	−10.207**
	(0.96)	(1.05)	(−2.52)	(−2.40)
控制变量效应	YES	YES	YES	YES
年份效应	YES	YES	YES	YES
行业效应	YES	YES	YES	YES
观测值	20 034	20 274	20 034	20 274
R^2	0.150	0.150	0.209	0.208

注：*、**、***分别表示在10%、5%和1%的统计水平上显著,小括号内为t值。

3. PSM 检验

为了确保检验结果不受公司特征差异的影响,本章借鉴有关学者提出的倾向得分匹配法(PSM)来解决这其中可能存在的内生性问题。本章为融资需求较高的上市公司1∶1匹配选择得分最接近的融资需求较低的上市公司。选择公司规模、市值账面比、盈利能力、盈余变化、公司年龄、非经常性损益占比、产权性质、第一大股东持股、管理层持股、高管平均年龄作为协变量生成对照组和实验组,进一步设定对照组和实验组所允许的最大距离为0.05。本章就匹配变量的标准差进行了平衡检验,平衡性得到满足。

基于PSM匹配的多元回归结果如表3-12所示,以D_FN1和D_FN2为分组变量分别匹配到 8 080 对和 8 379 对符合条件的样本公司。可以看出 D_FN1 和 D_FN2 的系数仍然显著为正($0.175, t=4.17$；$0.159, t=3.92$)，与主假设保持一致。这表明本章的研究结果并非由于融资需求较大和融资需求较小公司的差异所导致，结果具有稳健性。

表 3–12　PSM 之后的多元回归结果

变量	(1) AR	(2) AR
D_FN1	0.175***	
	(4.17)	
D_FN2		0.159***
		(3.92)
常量	1.990	2.448
	(0.76)	(0.94)
控制变量效应	YES	YES
年份效应	YES	YES
行业效应	YES	YES
观测值	16 160	16 794
R^2	0.158	0.154

注：*** 表示在 1% 的统计水平上显著，小括号内为 t 值。

3.5.3　卖空机制与企业年报阅读难易程度

1. PSM 检验

为了克服样本选择性偏差与内生性问题对实证结果的影响，本章采用倾向得分匹配法对卖空样本采用一对一最近邻法进行配对，寻找对照组进行检验，避免企业特征上的差异性对研究结论的影响。参考陈关亭等(2019)、贺学会等(2016)的研究，在 PSM 第一阶段的配对过程中，卖空机制的匹配变量包括股票年换手率(hs)、公司市值(mv)、产权性质($state$)、盈利能力(roa)、上市年限(age)、托宾 Q 值($tobinq$)。

本章首先对匹配变量进行平衡性检验,如表 3-13 所示。经过匹配后,所有变量标准差的绝对值基本都小于 5%。同时 t 检验的结果也表明匹配后绝大多数变量之间的差异性由显著变为非显著,这一结果说明平衡性检验的假设得到了满足。

表 3-13 基于 PSM 的匹配变量平衡性检验

变量	U(不匹配) M(匹配)	均值		标准化平均值差异 (%bias)	匹配后标准化平均值差异下降的幅度 (%reduct|bias|)	t 检验	
		实验组	对照组			t	$P>\|t\|$
hs	U	362.790	400.370	−13.7		−9.74	0.000
	M	364.320	353.330	4.0	70.7	2.47	0.014
mv	U	23.385	22.166	123.9		90.71	0.000
	M	23.366	23.353	1.4	98.9	0.77	0.441
$state$	U	0.559	0.321	49.4		35.10	0.000
	M	0.556	0.558	−0.4	99.1	−0.27	0.789
roa	U	0.054	0.042	26.1		18.63	0.000
	M	0.053	0.056	−5.3	79.8	−3.02	0.003
age	U	11.286	7.923	54.0		37.87	0.000
	M	11.273	11.281	−0.1	99.8	−0.08	0.939
$tobinq$	U	2.022	2.052	−2.4		−1.69	0.091
	M	2.019	2.006	1.1	55.9	0.60	0.548

本章用配对后的样本重新检验卖空机制和年报文本易读性的关系,回归结果如表 3-14 所示。结果显示,卖空交乘项($postlist$)和 AR、len 的回归系数分别为 −0.286 和 −2.939,均在 5% 的水平上显著,与前述全样本回归结果一致,支持了卖空机制的"压力观"。

表 3-14 基于 PSM 样本的回归结果

变量	(1) AR	(2) len
list	−0.214*	−1.910*
	(−1.75)	(−1.69)
postlist	−0.286**	−2.939**
	(−1.98)	(−2.20)
lev	−0.899***	−9.237***
	(−3.57)	(−3.97)
si	−7.396***	−72.118***
	(−2.98)	(−3.14)
mv	−0.403***	−4.040***
	(−5.87)	(−6.36)
roa	1.054	10.011
	(1.03)	(1.05)
age	−0.016**	−0.159**
	(−2.33)	(−2.46)
top1	−0.004	−0.036
	(−1.56)	(−1.43)
idr	0.343	3.768
	(0.47)	(0.55)
dua	−0.000	0.424
	(−0.00)	(0.49)
ma	0.194**	2.152**
	(2.04)	(2.44)

续　表

变　量	(1)	(2)
	AR	len
seo	0.084	0.953
	(0.78)	(0.95)
female	−0.290	−1.376
	(−0.78)	(−0.40)
edu	0.500***	4.595***
	(6.15)	(6.11)
常　量	1.171	−40.438**
	(0.61)	(−2.26)
年份效应	YES	YES
行业效应	YES	YES
样本量	3 721	3 721
R^2	0.428	0.515

注：*、**、***分别表示在10%、5%和1%的统计水平上显著，小括号内为t值。

2. 剔除年报信息披露政策变更的影响

2012年我国证监会发布了《年报披露准则2号》，这一条文规定了年报中非财务信息的披露语言表述要求，可能会对年报信息披露质量包括文本易读性产生影响。为了控制准则变化对结果的影响，本章将该准则实施之前的样本全部剔除，以2012—2018年共14 785条数据重新进行回归检验，实证结果如表3-15所示。表中第(1)(2)列的结果，列示了在剔除年报信息披露政策变更之前的样本后卖空机制交乘项(postlist)对于年报文本易读性指标的影响。postlist和AR易读性指标的回归系数在5%的水平上显著为负，和len的回归系数在1%的水平上显著为负。这一结论与上述全样本的回归结果保持一致。

表 3-15 剔除年报信息披露政策变更影响的回归结果

变量	(1)	(2)
	AR	len
list	−0.147*	−1.469**
	(−1.78)	(−1.97)
postlist	−0.217**	−2.108***
	(−2.50)	(−2.68)
lev	−0.992***	−9.484***
	(−7.88)	(−8.29)
si	−3.833***	−41.538***
	(−3.09)	(−3.69)
mv	−0.317***	−3.327***
	(−11.17)	(−12.89)
roa	0.705	9.542**
	(1.51)	(2.25)
age	−0.013***	−0.165***
	(−3.92)	(−5.46)
top1	−0.004***	−0.030**
	(−2.65)	(−2.46)
idr	0.390	3.856
	(1.11)	(1.20)
dua	0.029	0.529
	(0.67)	(1.34)

续 表

变量	(1) AR	(2) len
ma	0.039	0.581
	(0.83)	(1.37)
seo	0.082	0.935*
	(1.50)	(1.87)
female	0.665***	6.170***
	(3.67)	(3.75)
edu	0.534***	4.927***
	(12.72)	(12.92)
常量	−5.440***	−100.832***
	(−7.93)	(−16.17)
年份效应	YES	YES
行业效应	YES	YES
样本量	14 785	14 785
R^2	0.534	0.629

注：*、**、***分别表示在10%、5%和1%的统计水平上显著，小括号内为 t 值。

3. 剔除当年进入名单样本的检验

鉴于卖空机制推出前市场可能会提前做出反应，本章进一步剔除当年进入融资融券标的名单的样本，共有 20 011 个样本重新进行回归检验，实证结果如表 3-16 所示。卖空机制（postlist）和两个易读性指标仍然显著负相关，与原有全样本回归结果保持一致。

表 3-16 剔除当年进入名单样本的回归结果

变 量	(1) AR	(2) len
list	−0.205***	−1.886***
	(−3.77)	(−3.77)
postlist	−0.137**	−1.624***
	(−2.11)	(−2.71)
lev	−0.995***	−9.698***
	(−8.94)	(−9.43)
si	−2.973***	−30.511***
	(−2.80)	(−3.11)
mv	−0.316***	−3.195***
	(−12.98)	(−14.23)
roa	0.893**	10.332***
	(2.11)	(2.64)
age	−0.020***	−0.230***
	(−6.52)	(−7.93)
top1	−0.003***	−0.031***
	(−2.91)	(−2.85)
idr	0.552*	5.827**
	(1.72)	(1.97)
dua	0.042	0.603
	(1.04)	(1.61)

续　表

变量	(1) AR	(2) len
ma	−0.013	0.054
	(−0.32)	(0.14)
seo	0.057	0.650
	(1.12)	(1.39)
female	0.650***	6.087***
	(3.93)	(3.98)
edu	0.518***	4.815***
	(14.11)	(14.20)
常　量	−2.767***	−78.254***
	(−4.83)	(−14.78)
年份效应	YES	YES
行业效应	YES	YES
样本量	20 011	20 011
R^2	0.438	0.528

注：*、**、***分别表示在10%、5%和1%的统计水平上显著，小括号内为 t 值。

4. 替代变量检验

1) 易读性指标替代检验

本章进而采用 Flesch-Kincaid 指数，该指数由彼得·J. 金凯德（Peter J. Kincaid）教授团队在 1975 年提出，也是 Microsoft Office Word 中内置的易读性测度公式，具体计算公式有两种。第一种 The Flesch-Kincaid 指数＝0.39×（总词语数/总句子数）＋11.8×（总字数/总词语数）−15.9，简称 *FK* 指数。第二种 Flesch 易读指数＝1.015×(总词语数/总句子数)＋84.6×(总字数/总词语数)－206.835,简称 FR 指数。与前文做法相同,对 FK、FR 指数均乘以－1。表 3－17 列示了易读性指标替代性检验的回归结果。企业年报易读性在四种指标定义下结论未发生改变,具备较好的稳健性。

表 3－17　易读性替代性检验回归结果

变　量	(1) FK	(2) FR
list	－0.243***	－0.725
	(－2.83)	(－1.43)
postlist	－0.544***	－4.272***
	(－5.30)	(－7.04)
lev	－1.873***	－10.898***
	(－10.61)	(－10.44)
si	－5.216***	－29.828***
	(－3.09)	(－2.99)
mv	－0.749***	－5.103***
	(－19.41)	(－22.38)
roa	1.951***	12.934***
	(2.91)	(3.26)
age	－0.058***	－0.424***
	(－11.62)	(－14.42)
top1	－0.004**	－0.016
	(－2.20)	(－1.44)
idr	1.381***	10.060***
	(2.72)	(3.36)

续 表

变量	(1) FK	(2) FR
dua	0.122*	0.829**
	(1.90)	(2.18)
ma	0.117*	1.199***
	(1.82)	(3.15)
seo	0.265***	2.208***
	(3.30)	(4.64)
female	1.196***	6.637***
	(4.57)	(4.29)
edu	0.813***	4.264***
	(13.95)	(12.37)
常量	−28.300***	−35.903***
	(−28.63)	(−6.14)
年份效应	YES	YES
行业效应	YES	YES
样本量	20 780	20 780
R^2	0.713	0.794

注：*、**、*** 分别表示在10%、5%和1%的统计水平上显著，小括号内为 t 值。

2) 卖空机制替代检验

本章进一步采用卖空实际交易股数占 A 股流通股数的比例（ssf）来衡量卖空压力，回归结果如表 3-18 所示。在控制年份和行业固定效应后，ssf 与两个易读性指标的回归系数在1%的水平上显著为负，同样证明了卖空机制的"压力观"。

表 3-18 卖空变量替代性检验回归结果

变量	(1) AR	(2) len
ssf	−7.033***	−84.719***
	(−4.20)	(−5.48)
lev	−0.948***	−9.212***
	(−8.73)	(−9.19)
si	−2.809***	−28.855***
	(−2.69)	(−2.99)
mv	−0.375***	−3.746***
	(−17.80)	(−19.25)
roa	0.683*	8.272**
	(1.65)	(2.16)
age	−0.022***	−0.245***
	(−7.17)	(−8.72)
top1	−0.003***	−0.030***
	(−2.82)	(−2.75)
idr	0.525*	5.554*
	(1.67)	(1.91)
dua	0.041	0.605
	(1.02)	(1.64)
ma	−0.002	0.154
	(−0.04)	(0.42)

续 表

变量	(1) AR	(2) len
seo	0.059	0.665
	(1.18)	(1.45)
female	0.676***	6.360***
	(4.16)	(4.24)
edu	0.502***	4.656***
	(13.89)	(13.95)
常 量	−2.830***	−78.782***
	(−4.96)	(−14.97)
年份效应	YES	YES
行业效应	YES	YES
样本量	20 780	20 780
R^2	0.437	0.528

注：*、**、***分别表示在10%、5%和1%的统计水平上显著，小括号内为t值。

3) 调节变量替代检验

首先，上述回归分析中采用kz指数来衡量融资约束程度，本章进一步参考魏锋 等（2004）的研究，采用利息保障倍数（icr）来进行替代测试。其次，本章进一步参考陈关亭 等（2019）的研究，采用是否"十大"会计师事务所来进行替代检验。具体回归结果如表3-19所示，第（1）（2）列中，利息保障倍数（icr）与卖空机制（$postlist$）的交乘项 $icr \times postlist$ 系数显著为正，表明利息保障倍数越低，即融资约束程度越大，卖空降低易读性水平的效果越明显。第（3）（4）列中，审计质量（$big10$）与卖空（$postlist$）的交乘项 $big10 \times postlist$ 系数显著为正，表明审计质量越高，越能抑制卖空机制下的易读性操纵行为。

表 3-19 融资约束和审计质量替代性检验回归结果

变量	(1) AR	(2) len	(3) AR	(4) len
list	−0.220***	−2.080***	−0.232***	−2.087***
	(−3.39)	(−3.45)	(−3.57)	(−3.48)
postlist	−0.190**	−2.147***	−0.344***	−3.366***
	(−2.44)	(−2.97)	(−3.98)	(−4.22)
icr×list	−0.001	−0.011		
	(−1.47)	(−1.28)		
icr×postlist	0.002*	0.017*		
	(1.73)	(1.74)		
icr	0.000	0.001		
	(0.28)	(0.23)		
big10×list			0.029	0.148
			(0.33)	(0.18)
big10×postlist			0.327***	2.786***
			(3.09)	(2.85)
big10			−0.486***	−4.415***
			(−11.38)	(−11.19)
lev	−0.806***	−8.311***	−1.043***	−10.111***
	(−5.67)	(−6.29)	(−9.56)	(−10.04)
si	−1.378	−16.786	−2.833***	−29.159***
	(−1.15)	(−1.51)	(−2.72)	(−3.03)
mv	−0.310***	−3.097***	−0.284***	−2.897***
	(−11.09)	(−11.94)	(−11.82)	(−13.05)

续 表

变量	(1) AR	(2) len	(3) AR	(4) len
roa	0.607	8.186	0.830**	9.623**
	(1.11)	(1.61)	(2.00)	(2.51)
age	−0.020***	−0.230***	−0.022***	−0.243***
	(−5.52)	(−6.76)	(−7.04)	(−8.55)
top1	−0.002	−0.015	−0.003**	−0.026**
	(−1.27)	(−1.18)	(−2.54)	(−2.43)
idr	0.682*	7.344**	0.428	4.683
	(1.83)	(2.12)	(1.37)	(1.62)
dua	0.097**	1.154**	0.050	0.688*
	(1.97)	(2.52)	(1.25)	(1.88)
ma	−0.072	−0.498	−0.010	0.078
	(−1.48)	(−1.09)	(−0.25)	(0.21)
seo	0.075	0.762	0.038	0.471
	(1.33)	(1.45)	(0.77)	(1.03)
female	0.781***	7.295***	0.703***	6.634***
	(3.99)	(4.01)	(4.35)	(4.44)
edu	0.484***	4.594***	0.516***	4.793***
	(11.31)	(11.54)	(14.30)	(14.40)
常量	−2.864***	−80.138***	−4.443***	−93.919***
	(−4.26)	(−12.83)	(−7.23)	(−16.55)
年份效应	YES	YES	YES	YES

续表

变量	(1)	(2)	(3)	(4)
	AR	len	AR	len
行业效应	YES	YES	YES	YES
样本量	14 948	14 948	20 780	20 780
R^2	0.428	0.517	0.442	0.532

注：*、**、***分别表示在10%、5%和1%的统计水平上显著，小括号内为 t 值。

3.6 进一步讨论

3.6.1 管理者视角下企业年报阅读难易程度的影响因素

1. 不同所有制特征的估计分析

我国政治环境和资本市场发展较为特殊，在公司结构、社会关系、资金保障等方面，国有企业和非国有企业都存在显著差异，不同所有制企业信息披露的诉求和选择也有明显不同。相较于民营企业，国有企业的管理者受到内部治理与外部约束的双重压力，对信息的披露更加全面客观。当国有企业转为非国有企业时，可视为约束性缺失的一种体现。但也有学者认为，尽管国有企业信息披露受到更严格的监管，但国有企业的"所有者缺位"也可能会增强管理层的机会主义倾向（赵息 等，2013）。相比而言，民营企业的管理者往往为所有者，第一类委托代理问题弱化，但第二类代理问题更为突出。在资金支持、公司治理、公司特征、政府关系方面差异化的背景下，国有企业和非国有企业管理者面对不同的激励约束机制，对信息披露的手法运用可能表现出明显区别。

以往研究对于企业性质和信息披露易读性的关系已有一定探讨，这也是代理理论中着重关注的方面。从本章上市企业年报样本分布来看，中央国有企业共3 222家占比15.15%，地方国有企业共6 037家占比28.38%，民营企业共10 736家占比50.47%，其他企业（包括公众企业、集体企业、外资企业和其他）共1 275家占比5.99%，这一定程度上呈现出国有企业和民营企业的集聚特征。因此，有必要区分不同所有制特征下的易读性披露差异，结果如表3-20所示。

表 3-20 年报易读性影响因素分所有制估计结果(面板固定效应估计)

变量	中央国有企业		地方国有企业		民营企业		其他企业	
	FK	AR	FK	AR	FK	AR	FK	AR
roa	−1.362	−0.609	1.630	0.806	3.164***	1.983***	−1.966	−1.755
	(−1.64)	(−0.95)	(1.46)	(2.07)	(7.51)	(8.19)	(−1.45)	(−1.80)
tobinq	0.332***	0.131**	0.179**	0.084**	0.117**	0.058*	0.296***	0.138***
	(5.50)	(3.22)	(3.16)	(3.21)	(3.48)	(2.62)	(4.59)	(4.24)
bos	−0.100	−0.085	0.228*	0.131*	−0.148	−0.037	1.256	0.593
	(−0.61)	(−1.15)	(2.21)	(2.48)	(−1.63)	(−0.69)	(1.26)	(1.36)
idr	2.075	0.617	1.085	0.420	−1.368*	−1.123**	−3.300	−2.134
	(0.66)	(0.36)	(0.81)	(0.61)	(−2.18)	(−2.98)	(−0.49)	(−0.62)
dua	0.648*	0.171	−0.095	−0.112	0.311**	0.127*	−0.691	−0.412*
	(2.32)	(1.19)	(−0.36)	(−0.80)	(3.87)	(2.43)	(−2.00)	(−2.12)
hhi	0.036	0.027	0.013	0.007	0.007	0.001	−0.068**	−0.034***
	(1.90)	(0.12)	(1.82)	(1.72)	(1.61)	(0.46)	(−2.99)	(−5.29)
count	0.006	0.010	0.024	0.017**	0.008	0.000	0.016	0.001
	(0.18)	(0.62)	(2.03)	(3.28)	(0.92)	(−0.01)	(0.39)	(0.02)
female	3.926	1.934	2.205	1.421	2.095*	1.275**	−0.786	0.057
	(1.86)	(1.79)	(1.90)	(1.50)	(2.70)	(3.12)	(−0.76)	(0.09)
avg_age	−0.043	−0.019	−0.054	−0.029	−0.027	−0.004	−0.042	−0.036
	(−0.70)	(−0.73)	(−1.19)	(−1.29)	(−1.43)	(−0.38)	(−0.56)	(−0.81)
edu	0.465*	0.135	−0.023	−0.057	0.314	0.200	0.347	−0.195
	(2.31)	(1.18)	(−0.08)	(−0.51)	(1.04)	(1.06)	(0.92)	(−1.35)
size	−0.177	−0.231	−0.811**	−0.389**	−0.530**	−0.211**	−0.599	−0.426**
	(−0.77)	(−1.82)	(−3.55)	(−3.81)	(−3.57)	(−3.03)	(−1.77)	(−3.19)

续 表

变量	中央国有企业		地方国有企业		民营企业		其他企业	
	FK	AR	FK	AR	FK	AR	FK	AR
lev	−4.244**	−2.007**	−2.297***	−1.036***	0.179	−0.003	−2.193*	−0.406
	(−3.94)	(−3.96)	(−4.32)	(−4.06)	(0.46)	(−0.01)	(−2.60)	(−0.95)
常量	−38.150***	−3.223	−23.170***	1.092	−27.960***	−3.811**	−29.100*	−0.025
	(−6.11)	(−1.12)	(−5.89)	(0.59)	(−9.53)	(−3.69)	(−2.80)	(−0.01)
行业效应	YES	YES	YES	YES	YES	YES	YES	YES
年份效应	YES	YES	YES	YES	YES	YES	YES	YES
Hausman	0.002	0.003	0.000	0.000	0.000	0.000	0.004	0.017
样本量	3 222	3 222	6 037	6 037	10 736	10 736	1 275	1 275

注：*、**、*** 分别表示在 10%、5% 和 1% 的统计水平上显著，小括号内为 t 值。

由表 3-20 可知，在控制行业效应和年份效应的情况下，民营企业 roa 与 FK 和 AR 指数均在 1% 的显著水平上正相关，而中央国有企业与地方国有企业的 roa 系数均不显著。这表明在外部约束条件较弱的民营企业中，经营绩效越差，管理者粉饰绩效操纵易读性的动机越为强烈。民营企业往往面临着更为激烈的市场竞争，基于信号理论，信息披露也是企业竞争力的一种外在体现，管理层会尽可能以增强披露难度、模糊披露事项的方法规避负面事件的披露；国有企业则凭借着强大的政治、资金等优势，面临的竞争和生存压力相对较小，在绩效水平发生波动时，并没有操控披露信息阅读难度的紧迫需要。而 tobinq 指标在民营企业和国有企业系数均显著为正，出于未来成长的考虑，国有企业担负着政治、社会、经济三大责任，同样需要实现企业价值最大化。

在公司治理方面，dua 指标与 FK 和 AR 指数的系数在民营企业均显著为正，表明在民营企业，董事长和高管合二为一反而更容易快速做出一致决策，对年报易读性水平有正向提升作用。在管理者特征方面，仍可由结果认定在委托代理背景下，不同所有制企业形成的管理者风格特征对信息披露易读性均存在一定影响且差异不大。女性高管占比 (female) 的影响在国有企业和民营企业之间有明显差别，这可能在于国有上市公司在管理者的任命和监督方面有较为标准的规范和较强的政府干预(张兆国 等,2011),女性高管比例较小,发挥的作用有限。

2. 不同年报披露要求的估计分析

图 3-2 已经表明企业年度报告易读性在 2012 年《年报披露准则 2 号》出台前后,有明显的趋势差异。为了防止主假设实证检验结果受易读性整体趋势的影响,排除年报披露规则修改对易读性提高的客观影响,本章对样本公司按 2012 年前后进行划分,分别检验不同时间区间内企业绩效、公司治理水平、管理者特征对年报易读性水平的影响,结果如表 3-21 所示。结果表明,在 2012 年前后,roa 和 tobinq 指标的系数并没有出现显著的差异,说明年报披露要求未对易读性水平造成影响,经济绩效仍然是易读性水平的重要影响因素。

表 3-21 不同年报披露要求下的回归结果(面板固定效应估计)

变量	(1)	(2)	(3)	(4)
	2012 年修订前		2012 年修订后	
	FK	AR	FK	AR
roa	2.375**	1.083*	0.525***	0.384*
	(3.17)	(2.87)	(4.25)	(2.70)
tobinq	0.091***	0.047*	0.138***	0.094***
	(4.56)	(2.61)	(5.61)	(7.33)
bos	0.079	0.036	−0.107	−0.035
	(0.56)	(0.43)	(−0.89)	(−0.49)
idr	−0.644	−0.642	1.064	0.567
	(−0.47)	(−0.85)	(1.09)	(1.08)
dua	0.491**	0.130	0.080	0.101
	(3.74)	(1.95)	(0.79)	(1.90)
hhi	0.019*	0.011*	0.008	−0.001
	(2.19)	(2.49)	(1.06)	(−0.27)

续 表

变量	(1)	(2)	(3)	(4)
	2012年修订前		2012年修订后	
	FK	AR	FK	AR
count	0.054***	0.026***	−0.003	0.000
	(4.81)	(4.41)	(−0.44)	(−0.02)
female	2.264**	1.474***	1.039	0.623
	(3.23)	(3.98)	(1.50)	(1.67)
avg_age	−0.038	−0.020	−0.056*	−0.016
	(−1.35)	(−1.70)	(−2.52)	(−1.15)
edu	0.205	0.046	0.478*	0.283*
	(1.06)	(0.48)	(2.66)	(2.65)
size	−0.947***	−0.437***	−0.309***	−0.085*
	(−7.34)	(−9.30)	(−4.13)	(−2.18)
lev	0.139	−0.201	−1.506***	−0.442*
	(0.49)	(−1.40)	(−6.36)	(−2.75)
常量	−23.420***	0.508	−35.500***	−10.030***
	(−8.15)	(0.37)	(−11.89)	(−6.26)
行业效应	YES	YES	YES	YES
所有制效应	YES	YES	YES	YES
年份效应	YES	YES	YES	YES
Hausman	0.000	0.000	0.000	0.000
样本量	9 597	9 597	11 673	11 673

注：*、**、***分别表示在10%、5%和1%的统计水平上显著，小括号内为 t 值。

3. 不同市场化程度的估计分析

各地区不平衡的市场化程度,造就了企业所处的外部市场、法律、监督环境的差异性,对企业经营管理活动也会产生显著影响(孙铮 等,2005)。市场化程度较高的地区,拥有相对透明完善的法律环境,政府干预较少,更加趋于竞争型的市场(李慧云 等,2016),该地区的企业管理者可能更倾向于把降低信息不对称作为与外部利益相关者有效沟通的手段。因此,上市公司的易读性选择在不同市场化程度下可能存在差异。

为了探究企业绩效、公司治理水平、管理者特征对易读性关系的影响,按市场化程度高低分组研究。采用樊纲指数衡量市场化程度,样本公司所处地区的樊纲指数大于年度行业中位数时,该样本市场化程度较高,反之则较低。在不同市场化程度下的分样本回归结果如表 3-22 所示。从回归结果来看,在不同市场化程度之下,roa 和 $tobinq$ 的系数并不存在显著性的差异,即无论哪种市场化程度下,管理者的操纵行为都普遍存在。

表 3-22 不同市场化程度下的回归结果(面板固定效应估计)

变量	(1)	(2)	(3)	(4)
	市场化程度高		市场化程度低	
	FK	AR	FK	AR
roa	1.723	0.818*	1.575*	1.025**
	(1.86)	(2.29)	(2.75)	(3.86)
$tobinq$	0.260***	0.108**	0.202***	0.092***
	(4.33)	(3.26)	(7.55)	(4.95)
bos	0.221	0.065	0.008	0.031
	(1.51)	(0.94)	(0.09)	(0.71)
idr	−1.372	−1.445*	−0.423	−0.519
	(−1.32)	(−2.24)	(−0.37)	(−0.99)
dua	0.194	0.037	0.172	0.047
	(1.90)	(0.70)	(1.40)	(0.64)

续　表

变量	(1)	(2)	(3)	(4)
	市场化程度高		市场化程度低	
	FK	AR	FK	AR
hhi	0.013	0.009	−0.001	−0.001
	(0.99)	(1.49)	(−0.15)	(−0.42)
count	0.024*	0.014*	0.004	0.001
	(2.12)	(2.87)	(0.31)	(0.19)
female	1.446	1.132*	2.833***	1.369***
	(1.58)	(2.36)	(5.56)	(5.55)
avg_age	−0.076	−0.040	−0.019	−0.007
	(−1.83)	(−2.06)	(−1.19)	(−0.88)
edu	−0.026	−0.004	0.453**	0.164
	(−0.17)	(−0.04)	(2.96)	(1.51)
size	−0.397***	−0.203***	−0.462*	−0.267*
	(−4.18)	(−4.70)	(−2.64)	(−2.74)
lev	−0.947	−0.347	−1.501***	−0.768***
	(−1.42)	(−1.57)	(−4.83)	(−4.67)
常量	−29.810***	−1.874	−32.510***	−2.852
	(−8.02)	(−1.08)	(−8.63)	(−1.55)
行业效应	YES	YES	YES	YES
所有制效应	YES	YES	YES	YES
年份效应	YES	YES	YES	YES
Hausman	0.000	0.000	0.000	0.000
样本量	9 127	9 127	11 951	11 951

注：*、**、***分别表示在10%、5%和1%的统计水平上显著，小括号内为 t 值。

3.6.2 融资需求——年报易读性的作用机理检验

1. 代理成本对融资需求和易读性水平关系的影响

虽然多元回归结果表明,上市公司融资需求越大,年报易读性水平越高,但融资需求与易读性水平之间的作用机理尚不明确,究竟是何原因造成了两者之间的显著正相关关系? 假设 4 中围绕代理理论和信号传递理论,初步认为融资需求下"改善"年报易读性的机理可能在于降低信息不对称程度、减小代理成本。虽然目前关于融资需求和易读性的实证研究并未明确探明代理成本对两者关系的影响,但近年来已有个别学者针对融资约束、代理成本、信息披露之间的相互作用进行了不同维度的探索。

在信息披露与代理成本关系的研究中,发现提高信息披露水平可以降低资本市场信息不对称程度。增加公司信息透明度将减少公司内部人和外部人之间的信息不对称性,增加对公司管理者的监督约束,降低管理者道德风险,即能够降低代理成本。罗炜 等(2010)讨论了股东和管理者之间的代理成本对管理者自愿信息披露决策的影响,他们发现当代理成本较高时管理者会倾向于隐瞒信息或减少自愿披露的信息。

在融资需求与信息披露方面,有融资需求的公司具备强烈的动机通过各种方式披露公司的有利信息,降低信息不对称程度和融资成本。在代理成本对融资约束的影响方面,有学者发现代理成本是融资约束产生的原因之一。更进一步的,有学者研究了信息披露、代理成本、融资约束三者之间的关系:信息披露质量的提高是减少代理成本的路径之一,从而降低公司融资成本,缓解融资约束。

鉴于以上研究,我们认为上市公司在融资需求下,可能出于降低代理成本、更便于获取外部投资的原因,有意识地提高年报易读性水平,即代理成本可能是融资需求—易读性之间的作用路径。在此引入代理成本 AC 作为混淆假说变量进行中介效应检验,探究代理成本对融资需求和易读性关系的影响。

1) 代理成本 AC 指标选择

本章借鉴相关研究选择资产周转率(营业收入与总资产之比)来衡量代理成本。原因在于,代理成本问题的产生很大程度上在于投资者很难保证他们的资金不会被管理层剥削或浪费(Shleifer et al., 1997)。从本章研究重点——融资需求考虑,管理层损害股东利益的方式主要体现在因投资不当造成的效率低下等方面,因此资产周转率能够很好地刻画代理成本。资产周转率越低,说明管理层对资产使用的效率越低,表明管理当局可能将资产用于非生产性目的,使得代理成本越高。

2) 代理成本 AC 中介效应模型

为了验证代理成本在融资需求对易读性的影响中发挥作用,借鉴温忠麟 等(2004)研究,建立关于代理成本效应的中介模型式 3-11~式 3-13 进行检验。

$$
\begin{aligned}
AR_{it} = & \alpha_0 + \alpha_1 D\_FN_{it} + \alpha_2 size_{it} + \alpha_3 lev_{it} + \alpha_4 mb_{it} + \alpha_5 roa_{it} \\
& + \alpha_6 \Delta earn_{it} + \alpha_7 vol_{it} + \alpha_8 age_{it} + \alpha_9 si_{it} + \alpha_{10} state_{it} \\
& + \alpha_{11} top1_{it} + \alpha_{12} board_{it} + \alpha_{13} idr_{it} + \alpha_{14} mahr_{it} \\
& + \alpha_{15} female_{it} + \alpha_{16} avg\_age_{it} + \alpha_{17} edu_{it} \\
& + \sum year_t + \sum industry_t + \varepsilon_{it}
\end{aligned}
$$

(式 3-11)

$$
\begin{aligned}
AC = & \gamma_0 + \gamma_1 D\_FN_{it} + \gamma_2 size_{it} + \gamma_3 lev_{it} + \gamma_4 mb_{it} + \gamma_5 roa_{it} \\
& + \gamma_6 \Delta earn_{it} + \gamma_7 vol_{it} + \gamma_8 age_{it} + \gamma_9 si_{it} + \gamma_{10} state_{it} \\
& + \gamma_{11} top1_{it} + \gamma_{12} board_{it} + \gamma_{13} idr_{it} + \gamma_{14} mahr_{it} \\
& + \gamma_{15} female_{it} + \gamma_{16} avg\_age_{it} + \gamma_{17} edu_{it} \\
& + \sum year_t + \sum industry_t + \varepsilon_{it}
\end{aligned}
$$

(式 3-12)

$$
\begin{aligned}
AR_{it} = & \delta_0 + \delta_1 D\_FN_{it} + \delta_2 AC + \delta_3 size_{it} + \delta_4 lev_{it} + \delta_5 mb_{it} \\
& + \delta_6 roa_{it} + \delta_7 \Delta earn_{it} + \delta_8 vol_{it} + \delta_9 age_{it} + \delta_{10} si_{it} \\
& + \delta_{11} state_{it} + \delta_{12} top1_{it} + \delta_{13} board_{it} + \delta_{14} idr_{it} \\
& + \delta_{15} mahr_{it} + \delta_{16} female_{it} + \delta_{17} avg\_age_{it} + \delta_{18} edu_{it} \\
& + \sum year_t + \sum industry_t + \varepsilon_{it}
\end{aligned}
$$

(式 3-13)

其中,α_1、γ_1、δ_2 用于判断中介效应,δ_1 用于判断直接效应[①]。表 3-23 为

---

① 中介效应检验一般包括三个步骤:第一步,检验融资需求对易读性的回归系数 α_1 是否显著。如果显著则进行下一步检验;如果不显著则停止检验。第二步,做中介变量代理成本对易读性的回归,以检验易读性与代理成本的回归系数 γ_1 是否显著。若显著则进行下一步检验;若不显著则停止检验。第三步,将中介变量代理成本放入第一步的回归方程中进行检验,以检验代理成本的回归系数 δ_2 是否显著。若显著,则进一步分析融资需求的回归系数 δ_1 是否显著,不显著则说明存在完全中介效应,显著则说明存在部分中介效应;若不显著,则说明不存在中介效应。

代理成本中介效应的检验结果,分别与以 D_FN1 和 D_FN2 作为解释变量的回归结果基本一致。在此以 D_FN1 为例进行分析。

第(1)列中融资需求与易读性在1%的水平上显著正相关,式3-11中融资需求与易读性的回归系数 α_1 显著($\alpha_1=0.158$, $P<0.01$),可以进行第二步检验。第(3)列的结果显示融资需求与代理成本在5%的水平上显著负相关,即企业融资需求越大,越倾向于降低代理成本以获取更多的投资,式3-12中融资需求与代理成本的回归系数 γ_1 显著($\gamma_1=-0.014$, $P<0.05$),可以进行第三步检验。第(5)列检验融资需求对易读性的影响是否受代理成本的作用,加入代理成本变量后,代理成本与易读性在1%的水平上显著负相关,式3-13中代理成本的回归系数 δ_2 显著($\delta_2=-0.325$, $P<0.01$),进一步发现融资需求与易读性仍然呈现1%水平上的显著正相关关系,且融资需求的回归系数 δ_1 显著($\delta_1=0.154$, $P<0.01$),说明代理成本在融资需求与易读性的正相关关系中发挥了部分中介作用。这意味着上市公司在融资需求动机下,会出于降低信息不对称性、降低代理成本的考虑,倾向于"改善"年报文本信息披露水平,提高年报易读性,结果支持了假设4b。

表3-23 代理成本中介效应的回归结果

变量	(1) AR	(2) AR	(3) AC	(4) AC	(5) AR	(6) AR
D_FN1	0.158*** (4.38)		-0.014** (-2.45)		0.154*** (4.26)	
D_FN2		0.187*** (5.13)		-0.020*** (-3.43)		0.181*** (4.96)
AC					-0.325*** (-6.99)	-0.323*** (-6.94)
$size$	-0.451*** (-20.32)	-0.449*** (-20.25)	-0.041*** (-11.74)	-0.041*** (-11.78)	-0.465*** (-20.86)	-0.463*** (-20.80)
lev	-0.736*** (-5.94)	-0.736*** (-5.96)	0.647*** (33.41)	0.649*** (33.59)	-0.525*** (-4.12)	-0.526*** (-4.14)

续 表

变 量	(1) AR	(2) AR	(3) AC	(4) AC	(5) AR	(6) AR
mb	0.054***	0.055***	−0.007***	−0.007***	0.051***	0.053***
	(3.82)	(3.93)	(−3.34)	(−3.40)	(3.65)	(3.76)
roa	−0.136	0.095	2.609***	2.584***	0.713	0.930*
	(−0.30)	(0.21)	(36.47)	(35.88)	(1.51)	(1.96)
Δearn	0.112***	0.111***	−0.002	−0.002	0.111***	0.110***
	(2.71)	(2.68)	(−0.29)	(−0.25)	(2.70)	(2.68)
vol	3.211***	3.222***	−0.232**	−0.231**	3.136***	3.147***
	(5.24)	(5.26)	(−2.42)	(−2.42)	(5.12)	(5.14)
age	−0.300***	−0.295***	0.042***	0.042***	−0.286***	−0.282***
	(−4.40)	(−4.33)	(3.97)	(3.89)	(−4.21)	(−4.14)
si	−7.656***	−7.614***	−2.568***	−2.580***	−8.491***	−8.448***
	(−5.94)	(−5.91)	(−12.75)	(−12.82)	(−6.57)	(−6.54)
state	0.047	0.046	0.033***	0.033***	0.057	0.057
	(1.00)	(0.98)	(4.56)	(4.54)	(1.23)	(1.21)
top1	0.119	0.134	0.160***	0.158***	0.171	0.185
	(0.93)	(1.04)	(8.01)	(7.91)	(1.34)	(1.44)
board	0.660***	0.661***	−0.001	−0.001	0.660***	0.661***
	(5.36)	(5.37)	(−0.04)	(−0.04)	(5.36)	(5.37)
idr	1.261***	1.258***	−0.023	−0.022	1.253***	1.251***
	(3.25)	(3.24)	(−0.38)	(−0.37)	(3.23)	(3.23)
mahr	0.009***	0.009***	−0.001***	−0.001***	0.009***	0.009***
	(8.02)	(8.02)	(−3.14)	(−3.10)	(7.87)	(7.87)

续 表

变量	(1) AR	(2) AR	(3) AC	(4) AC	(5) AR	(6) AR
$female$	0.641***	0.638***	−0.167***	−0.167***	0.587***	0.584***
	(3.46)	(3.45)	(−5.77)	(−5.76)	(3.17)	(3.16)
avg_age	−0.957***	−0.940***	0.185***	0.182***	−0.897***	−0.882***
	(−2.86)	(−2.81)	(3.53)	(3.47)	(−2.68)	(−2.64)
edu	0.441***	0.440***	0.044***	0.044***	0.455***	0.455***
	(11.03)	(11.01)	(7.02)	(7.04)	(11.38)	(11.37)
常量	0.444	0.292	0.221	0.241	0.516	0.370
	(0.34)	(0.22)	(1.07)	(1.17)	(0.39)	(0.28)
观测值	18 901	18 901	18 901	18 901	18 901	18 901
R^2	0.151	0.151	0.381	0.381	0.153	0.153

注：*、**、***分别表示在10%、5%、1%的统计水平上显著，小括号内为 t 值。

3.6.3 卖空机制与企业年报阅读难易程度

管理层进行易读性操纵的动机不仅受到企业内部利益因素的驱动，还会受到企业外部利益相关者行为的制约，尤其是专业的市场中介。本章进一步从企业内部利益因素和外部治理因素两方面来分析影响卖空和年报文本易读性关系的调节机制。

1. 融资约束的调节作用

表 3-24 显示了检验融资约束对于卖空和易读性关系调节作用的结果。我们可以发现，在第(1)(2)列中，卖空机制($postlist$)与融资约束(kz)的交乘项 $kz \times postlist$ 回归系数分别为 −0.164、−1.438，且系数都在 5% 的水平上显著为负，验证了融资约束对于卖空和易读性关系的正向调节作用，与我们的预期相一致。针对融资约束程度较高的企业，一方面出于获得融资、缓解融资难的动机，

另一方面鉴于融资约束环境下较大的信息不对称空间,管理层更有动机和空间实施机会主义行为,通过降低年报的易读性来掩盖一些不利于自身评价和股价的负面信息,以应对市场中的被动型卖空者,达到暂时缓解股价下行压力的目的。以上结论证实了融资约束对于卖空压力下易读性操纵行为的驱动作用。

表 3-24 融资约束调节效应的回归结果

变 量	(1) AR	(2) len
$list$	−0.015	0.204
	(−0.13)	(0.19)
$postlist$	0.184	1.250
	(1.21)	(0.89)
$kz \times list$	−0.133**	−1.440**
	(−2.16)	(−2.53)
$kz \times postlist$	−0.164**	−1.438**
	(−2.07)	(−1.96)
kz	0.570***	5.814***
	(11.63)	(12.85)
lev	−2.521***	−25.219***
	(−14.30)	(−15.50)
si	−4.401***	−45.090***
	(−4.19)	(−4.66)
mv	−0.311***	−3.158***
	(−13.02)	(−14.31)
roa	0.684*	8.194**
	(1.65)	(2.14)

续 表

变量	(1) AR	(2) len
age	−0.022***	−0.252***
	(−7.23)	(−8.81)
top1	−0.002*	−0.018*
	(−1.87)	(−1.67)
idr	0.468	4.966*
	(1.49)	(1.72)
dua	0.039	0.581
	(0.99)	(1.58)
ma	−0.026	−0.089
	(−0.66)	(−0.24)
seo	0.092*	1.017**
	(1.84)	(2.21)
female	0.572***	5.346***
	(3.53)	(3.58)
edu	0.512***	4.750***
	(14.20)	(14.29)
常量	−4.257***	−92.100***
	(−6.94)	(−16.26)
年份效应	YES	YES
行业效应	YES	YES
样本量	20 780	20 780
R^2	0.442	0.532

注：*、**、***分别表示在10％、5％、1％的统计水平上显著，小括号内为 t 值。

2. 审计质量的调节作用

表 3-25 显示了审计质量调节效应的回归结果，结果表明：审计质量和卖空机制的交乘项 $audit \times postlist$ 在模型中和易读性指标 AR、len 的回归系数分别为 0.532、4.480，两者均在 1% 的水平上显著。这一结果说明审计质量在卖空和易读性关系中起到负向调节的作用，与我们的预期相符。高质量的审计通过"保险"效应促使审计师更加关注企业的非财务信息，对企业披露的信息起到质量保证的作用。高质量的审计抑制了管理层通过增加年报阅读难度来掩盖负面信息的动机，规范了非财务信息披露内容，弱化了年报文本中的印象管理行为。

表 3-25　审计质量调节效应的回归结果

变量	(1) AR	(2) len
$list$	−0.214***	−2.007***
	(−3.95)	(−4.01)
$postlist$	−0.207***	−2.219***
	(−3.14)	(−3.64)
$audit \times list$	0.982***	9.432***
	(4.93)	(5.13)
$audit \times postlist$	0.532***	4.480***
	(3.16)	(2.88)
$audit$	−0.583***	−5.947***
	(−3.96)	(−4.37)
lev	−0.982***	−9.576***
	(−8.97)	(−9.47)
si	−3.186***	−32.279***
	(−3.05)	(−3.35)

续 表

变 量	(1) AR	(2) len
mv	−0.366***	−3.615***
	(−14.60)	(−15.61)
roa	1.000**	11.144***
	(2.41)	(2.90)
age	−0.017***	−0.202***
	(−5.55)	(−7.08)
top1	−0.004***	−0.031***
	(−3.04)	(−2.91)
idr	0.284	3.370
	(0.90)	(1.16)
dua	0.041	0.605*
	(1.03)	(1.65)
ma	0.006	0.219
	(0.16)	(0.59)
seo	0.071	0.765*
	(1.43)	(1.66)
female	0.722***	6.813***
	(4.46)	(4.55)
edu	0.493***	4.597***
	(13.66)	(13.77)
常 量	−2.852***	−80.029***
	(−4.50)	(−13.67)

续　表

变　量	(1)	(2)
	AR	len
年份效应	YES	YES
行业效应	YES	YES
样本量	20 780	20 780
R^2	0.441	0.530

注：*、**、***分别表示在10%、5%、1%的统计水平上显著，小括号内为 t 值。

3.7　结论与讨论

本章以2007—2017年全部A股上市公司为研究对象，首先，在改进原有英文易读性测度公式的基础上，从管理者操纵行为视角对年报易读性水平的关联因素进行回归分析；其次，基于以往学者在研究中对盈余管理策略运用方向的权衡，分别基于降低易读性"模糊"坏消息的反向操纵视角和提高易读性"改善"信息不对称程度的正向治理视角，利用竞争型假设分别进行探讨；最后，基于我国引入卖空机制这一准自然实验，从卖空机制的两个对立观点"约束观"和"压力观"出发，进一步从内部利益和外部治理两个视角，分析卖空与易读性之间关系的具体影响机制。

本章得出的主要结论如下：① 我国企业年报整体较为难读，民营企业尤其表现欠佳。但在2012年《年报披露准则》修订之后，各项监管法规的相继出台，上市企业年报易读水平整体上呈现改善的趋势。② 经济绩效会驱动管理者操纵年报易读性水平，绩效越差，易读性水平越低，年报越难读。这种相关性关系在不同的年报信息披露要求下均显著存在；在不同的市场化程度中无明显的差别。③ 民营企业的盈利水平会显著驱动高管对易读性水平的操纵，而从长期公司价值的角度出发，不同所有制公司之间操纵的动机无显著差别。④ 公司治理结构和管理者特征都会对企业年报的阅读难度产生显著影响。监事会规模能够对高管的年报信息披露行为起到显著的制约作用，而独立董事和两职合一都未能发挥明显的作用。女性高管占比的增加、高管团队年轻化、高管受教育程度的提高均在提升年报易读性水平方面能够起到积极作用。⑤ 融资需求与年报易读性水平显著正相关,即上市公司面临的外部融资需求越大,其年报易读性水平越理想。⑥ 基于"融资需求—代理成本—年报易读性"这一作用机理,显示出代理成本能够发挥部分中介效应。说明上市公司融资需求越强烈,其出于"改善"目的降低公司自身与外部信息供给者之间信息不对称性的倾向越强,从而提高年报易读性水平,呈现出"正向治理"的效果。⑦ 融资需求动机下,上市公司盈余管理策略运用和文本信息策略运用呈现出配合效应。盈余操纵程度越大,易读性越可以模糊信息使用者预期心理,提高信息解读成本,为盈余管理的运用"保驾护航"。⑧ 不同的年报信息披露质量要求并没有对融资需求与年报易读性的正相关关系造成显著的影响;融资需求与年报易读性的正相关关系在非国有企业以及市场化程度较高地区更为显著。⑨ 卖空机制加剧了管理层的短视和机会主义行为,降低了年报文本易读性水平,支持了卖空"压力观"。⑩ 从内部利益的驱动因素来看,融资约束在卖空和易读性关系中起到正向调节的作用。从外部治理的抑制因素来看,审计质量在卖空和易读性关系中起到负向调节的作用。

第4章 修辞语言运用

4.1 引言

印象管理行为已经成为修饰利益相关者对公司印象的一种重要手段。在信息不对称情况下,管理者在社会责任报告中使用印象管理提供一些夸大的、无关紧要的信息,藏匿一些负面信息,使得其可靠性和相关性均受到严重的影响(梅跃碧,2009;王维虎 等,2012)。同时由于非财务信息大多是自愿性披露,不必遵循标准化、定量化的规则,内容和形式较为灵活,易被管理层操纵。出于管理者自利动机的信息操纵行为,通过对信息的选择性处理,损害了信息价值,影响信息使用者的信息判断,与企业信息披露降低信息不对称程度的初衷背道而驰(张正勇 等,2017a)。

印象管理策略下修辞语言的运用作为信息披露领域较为新颖的研究视角,国内外的研究成果并不丰富。虽然目前已有学者着眼于非财务会计叙述性文本,就披露的"乐观性""负面评价"等情感特征修饰、隐藏和归因行为、语法运用、语态选择等方面展开研究(Barkemeyer et al., 2014;谢德仁 等,2015),但是受制于技术手段和理论发展水平,均难以得到普适性的结论。此外,目前对于修饰性语言运用的研究大多停留在语言现象的判定以及动机的探析上。其中少量文献涉及具体影响因素及其作用机制的实证研究,且主要聚焦于企业内部因素,尤其是印象管理主体即管理层特征对印象管理行为的影响,基本上尚未纳入对于其他利益相关者的考量。企业处于复杂的社会关系网络中,从更为全面的利益相关者视角探究如何抑制企业披露社会责任信息时的印象管理行为,具有重要的意义。

随着社会责任报告在资本市场中发挥着日益重要的作用(李姝 等,2013),如何对社会责任报告中修辞语言运用状况加以解读分析乃至进一步的规范,关系到各方利益相关者的切实利益,关乎信息披露机制的有效运作与资本市场的良性可持续发展。不同于企业利益相关者仅是单方面接收企业披露的信息,分析师会通过出具分析报告的方式,向利益相关者传递更多来自第三方的相关信息。由于社会责任信息已然成为分析师关注的重点对象,分析师跟踪报告也就能够为利益相关者提供社会责任的增量信息。基于此,本章引入分析师跟踪报告进一步探析其在利益相关者群体与企业印象管理行为之间所起的作用,探寻印象管理行为的解决措施。

本章针对社会责任报告这一披露载体,试图解决以下基本问题:第一,管理层在社会责任报告中修辞语言的运用是否存在有偏性?第二,管理层在对披露语言运用的选择性以及呈现方式上有哪些技巧性?第三,可以通过哪些途径抑制社会责任报告中修辞语言运用存在的印象管理行为?第四,利益相关者压力与社会责任报告中修辞语言运用的印象管理行为有哪些作用关系?

4.2 理论分析与假设

4.2.1 影响社会责任报告修辞语言运用的因素

从委托—代理关系出发,社会责任的存在直接或间接地为管理者的利己主义提供了空间。一方面,社会责任履行情况已经发展成为考核高管贡献的重要指标之一(Callan et al.,2011)。为了激励管理者承担更多社会责任,并补偿管理者为此承担的高业绩不确定性,企业会根据社会责任履行状况向管理者分配利益(刘西友 等,2012)。另一方面,国内外经验证据多数支持企业的社会责任履行能够促进长期财务绩效的观点。基于利益相关者理论,社会责任报告中披露的社会责任成就能够显著提升公司声誉(Odriozola et al.,2017),增加企业的竞争优势,并为投资者预测企业未来经营状况和盈利能力提供增量信息(Flammer,2013)。在薪酬约束机制下,管理层收益直接或间接与社会责任履行状况紧密相连,社会责任甚至成为国企管理者在业绩下滑等条件下相机卸责的借口(王新 等,2015)。对于披露良好社会责任履行状况的企业,无论财务绩效好坏,都更能够获得投资者情感上的认可和支持,促进投资意向(张爱卿 等,

2018)。Leung et al.(2015)指出相较于小公司,大公司较高的政治成本可能会抑制其隐藏行为,而且外部董事、大机构投资者的存在和审计委员会的财务专长有助于抑制公司的隐藏行为。由此看来,管理层有明确的需求和动机利用对社会责任信息的披露进行保护性印象管理,尤其在社会责任履行及其持续性较差的情况下,这种自利动机就更为明显。

除了考虑社会责任报告中印象管理的动机,印象管理的运用条件为管理层有偏的信息披露提供了可乘之机。我国社会责任信息披露的政策规范尚不健全,对具体的披露方式及内容标准不一。与年报信息相比,无论是形式还是内容,社会责任报告披露的信息都以定性的叙述性描述为主,缺乏定量信息(李正等,2007),且社会责任报告并无强制审计的要求,相较于财务报告,其可靠性和完整性都大打折扣。此外,基于信息不对称理论和有限理性的假设,外部人无法准确辨别管理层所披露信息的真假,或者出于成本收益的考量缺乏检验信息是否真实可靠的积极性。加之管理者权力过大、管理缺位现象的盛行,管理层有条件出于利己主义利用社会责任报告中的修辞语言管理利益相关者对企业的印象。

在以叙述性描述为主的社会责任报告中,管理层有偏地选择语言和语调是这种保护性印象管理的重要表现形式之一(Cho et al.,2010)。具体表现为主动强调好消息,将积极表现归因于公司内部和自身努力的结果,更多地使用乐观的语调和更强烈的语气;把坏消息大多归咎于企业外部原因,用混淆模糊的语言分散报告使用者的消极情绪。然后,管理者利用语言的固有模糊性和责任规避等特征将这种偏向传递给其他利益相关者,试图塑造利益相关者对公司的积极印象,从而影响他们的看法和决策(Yuthas et al.,2002)。因此,基于管理者在社会责任报告中的修辞语言应用存在自利性偏差的视角,本章提出如下假说。

假设1:社会责任报告中的"乐观性""语气强度"与社会责任履行负相关,"确定性"与社会责任履行正相关。即越差的社会责任履行导致社会责任报告中有偏的修辞语言运用,呈现出越乐观、越强烈、越模糊的语言特点。

在现代公司制企业中,公司治理解决的核心问题就是委托代理问题(Jensen et al.,1976)。公司治理途径中的一个核心要素为对信息披露的要求,包括建立由管理者至所有者的多层披露机制,以及对披露内容真实可靠性的审查机制,其根本实现方式在于对信息不对称的改善作用。在两权分离的背景下,企业管理者作为内部人有能力对信息进行操纵和扭曲,而公司治理水平的提高可以降低管理者操纵信息的能力(张正勇 等,2017a)。

从印象管理的操纵主体考虑,公司治理结构会直接影响管理层披露行为和效果。这一作用机制在社会责任报告中往往更为常见,因为社会责任报告存在监管上的薄弱和缺失,利用其降低资本成本、缓解融资约束所带来的经济利益边际效应更高,使得社会责任报告中的印象管理风险小且动机足(张正勇 等,2017a)。从这一角度看,公司治理以制衡管理者与所有者的关系为目标,对信息不对称的改善作用亦是对产生印象管理源头原因的抑制,映射到具象载体方面,在印象管理问题更为突出的社会责任披露中的抑制行为会更为有效。相关研究均证实,高水平的公司治理在提高社会责任信息的透明度,增加披露的完整性、真实性、相关性方面均起到了积极的作用(Habbash,2017;Liu et al.,2017)。公司治理与社会责任披露的关系可从管理层拥有的权力程度和管理层受到的监督程度两方面进行分析。一方面,管理层的权力越大,内部信息越难以透明,其对披露信息的印象管理空间也越大;另一方面,公司内部的制衡机制,如董事会、监事会、独立董事、审计委员会的存在和作为等,能够在一定程度上监督管理层的利己行为。

综上不难看出,在不同的公司治理水平下,管理层对社会责任信息披露中修辞语言策略运用的渠道和能力会受到不同的限制与约束。由此基于管理者在社会责任报告中有偏修辞语言应用的约束视角,本章提出如下假说。

假设2:公司治理水平与社会责任报告中的"乐观性"和"语气强度"均负相关,与"确定性"正相关。即随着公司治理水平的提高,社会责任报告中修辞语言的有偏性得到抑制,表现为"乐观性"和"语气强度"降低,"确定性"升高。

公司治理水平在解决代理问题方面除了对管理层利己行为直接监督和约束,还有可能通过提升企业整体的财务绩效,间接降低管理层在社会责任报告中运用修辞语言的自利动机。尽管关于公司治理与财务绩效之间的关系仍然存在争议,但国内外大部分文献的实证结果均表明公司治理水平的提高能够显著改善企业的财务绩效,提升企业价值(Brown et al.,2006;周方召 等,2015;叶陈刚 等,2016)。公司治理对内能够降低代理成本,形成有效的内生激励机制以提升经营决策效率;对外向市场传递积极信号,有利于企业获得更多资金及人力等各方面资源(韩少真 等,2015)。在企业治理水平改善从而促进财务绩效提升的情况下,削弱了管理者对社会责任信息的修辞语言有偏使用的动机,侧面降低了代理成本。根据资金供给假说(Preston et al.,1997),企业财务绩效越好,就能够为企业社会责任的履行提供越多的资源,因此能够对社会责任履行产生正向的影响。同时,通过良好的治理结构,可以减少企业层面上的不当行为或短期行为,管理者也更愿意向公众披露真实的社会责任信息,从而披露企业成就并吸引更多投资者(Khan et al., 2013)。由此基于对有偏的修辞语言应用的约束作用机理的探究,本章提出如下假说。

假设3:财务绩效在公司治理水平与社会责任报告修辞语言的关系之间起到部分中介作用。

4.2.2 利益相关者与社会责任报告修辞语言

基于信息不对称理论和有限理性的假设,利益相关者无法直接接触所有信息,因此难以准确辨别管理层所披露信息的真假,或者出于成本收益的考量缺乏检验信息是否真实可靠的积极性,这就为管理层利用披露语言的修饰操控提供了可乘之机。与年报信息相比,无论是形式还是内容上,社会责任报告披露的信息都以定性描述为主,缺乏定量信息,加之相对薄弱的法律法规监管更是为管理层提供了利用修辞语言进行印象管理的操控空间。此外,修辞语言的运用作为一种较为含蓄的印象管理语言操控手段,以其低成本和隐蔽性受到管理层的广泛青睐。研究表明,修辞语言能对投资者行为、业绩预测以及企业自身产生影响。语调的积极性偏向不仅会影响投资者的反应(Henry, 2008),提供关于公司未来业绩的增量信息(谢德仁 等,2015)或起到负向预测作用(Jiang et al., 2019),还会影响投资者对信息的需求,进一步影响其信息处理能力(Li et al., 2019)。此外,已有研究表明,良好的社会责任表现会提高企业声誉,在资本市场上发挥正向作用,与此同时,管理层个人声誉也会受到连带的正向影响。管理层可以通过改变语调语气影响投资者对企业当前或未来业绩的感知,以及企业形象的认知,进而影响投资者的判断决策。因此,社会责任表现越差的企业越有可能出于防御和机会主义动机运用修饰语言进行情感操控,即通过战略性使用强度更高的语句、确定性更强的表达方式来强调良好的社会责任信息、塑造正面的企业形象。基于以上分析,本章针对企业真实社会责任表现与社会责任信息披露之间存在的差异,提出以下假设。

假设4:企业社会责任报告中存在"修饰"的现象,且社会责任表现越差的企业越有可能在社会责任信息中利用修饰语言改善披露效果。

利益相关者通过提供企业自身无法创造的资源,与企业形成契约关系。利益相关者带来的压力源于企业自身对资源的需求,此类压力一方面取决于企业生产经营中对特定资源的需求程度,需求程度越高,压力越大;另一方面为获得利益相关者的资源支持,企业还面临树立良好企业形象的压力。较大的利益相关者压力容易对高管行为产生影响,语言修饰是高管披露社会责任信息时可能采取的印象管理行为,不难推测利益相关者压力也会对社会责任报告语言修饰行为存在作用力。基于利益相关者理论,由于内外部利益相关者自身利益目标不同,其向企业施加压力的方向也会存在差异。

从内部来看,股东和员工是企业主要的利益相关者,企业通过向股东发放股利、向员工发放工资履行契约,因而股东与员工的主要目标往往是寻求利润最大化与实现高收入,即内部利益相关者更关注企业的财务表现,社会责任报告的重要程度相对较低。此外,由于企业资源有限,承担社会责任会加大企业经济活动的资源限制,从股东与员工的视角来看企业财务绩效很可能会被抑制,进而有损其自身利益,因此内部利益相关者可能希望企业将更多的资源投入经济活动中。基于前述分析,语言修饰是掩盖企业较差社会责任表现的手段。因此,当内部利益相关者压力较大时,管理层并没有动机通过语言修饰向内部利益相关者修正企业履行社会责任方面的表现。

从外部来看,企业的外部利益相关者包括消费者、债权人、政府、竞争者等,多元化的主体构成以及不同的契约关系使得外部利益相关者不会仅仅关注企业的财务表现,社会责任表现受到较大重视,如政府需要企业履行社会责任来实现社会整体环境、经济目标等。企业声誉是外部利益相关者决策的重要参考,较好的社会责任表现有助于塑造良好的企业声誉,因此当外部利益相关者压力较大时,企业更有可能借助语言修饰掩盖社会责任表现不佳的真实情况。不同于内部利益相关者,外部利益相关者的行为与压力水平在短期内更容易发生变化,企业采取印象管理行为有助于确保外部利益相关者不会因为负面消息而立马截断对企业的资源供给。

基于信号传递理论,企业披露社会责任报告是管理层向利益相关者传递信号的表现。随着现代信息技术的发展,企业内部信息资源共享有助于提高信息利用率、增强企业竞争力,这已成为企业管理的重要手段之一,意味着企业内部利益相关者更有可能获得社会责任报告未曾披露的相关信息。尤其是控股股东由于所有权优势,更可能掌握较为全面的社会责任信息。在此基础上,如果管理层在社会责任报告中过度使用有偏性的语调语气来进行情感操纵以隐藏真实的社会责任表现,内部利益相关者很可能对其所披露信息的真实性存在质疑,进而加剧两者之间的冲突,最终导致面临更大的压力,效果可能适得其反。因此,当内部利益相关者压力较大时,管理层为了缓解此类冲突,往往会减少社会责任报告中主观性修辞语言的运用,从而促使社会责任信息成为有用信号。而企业外部利益相关者获取信息的渠道有限,由企业官方发布的社会责任报告是主要的信息来源,这就导致即使企业存在操纵行为,也很难被外部利益相关者察觉。因此,当外部利益相关者压力较大时企业很有可能"钻空子",通过操纵社会责任报告语言表达,规避如实报告社会责任履行情况可能带来的信誉风险。基于以上分析,本章将从利益相关者压力视角探究其对社会责任报告中修辞语言运用的作用机制,提出以下假设。

假设5:内部利益相关者压力对社会责任报告印象管理行为具有抑制作用。

假设6:外部利益相关者压力对社会责任报告印象管理行为具有促进作用。

企业管理层与其他利益相关者间存在信息壁垒,因而当管理层故意披露虚假信息或引导性信息时,其他利益相关者往往很难识别真实情况,很有可能被此类信息误导而采取有损自身利益的决策。独立于企业的分析师是企业社会责任信息披露的重要补充机制。分析师具有丰富的信息渠道以及成熟的分析技能,能够为企业利益相关者提供增量信息并有效降低信息不对称程度。一方面,分析师可以帮助其他利益相关者更为全面与准确地理解企业披露的信息报告,另一方面,分析师可以通过预测企业未来绩效,为利益相关者的决策提供指导。在既往实践中,证券分析师的专业能力在挖掘财务造假、提供投资建议等方面表现良好,获得了利益相关者的信赖。较大的利益相关者压力意味着其与企业的契约联系更为紧密,此时企业真实的经营活动更易对利益相关者的收益产生影响,由此为了解企业信息披露背后的真实情况,利益相关者很有可能寻求更多的分析师跟踪。

基于监督假说理论,分析师具备更强的专业能力和更丰富的市场经验,社会责任信息已成为证券分析师跟踪关注的内容之一,在剖析企业信息披露报告与相关活动时,更能够识别信息披露中的不当行为。由于在我国当前的资本市场中,企业的社会责任报告更多地体现为管理层"自利工具"而非股东"价值利器",企业披露社会责任大多是自发性行为,尚无硬性的披露标准,报告格式与内容均由企业自行决定。引入专业的分析师,有助于考证企业社会责任信息披露的可靠性与真实性。考虑到负面分析报告可能对企业带来的不利影响,管理层会相应减少运用修饰语言掩盖实际情况、传递虚假信号的不当披露行为。同时,分析师基本独立于企业且不受企业操控,因此分析报告可以为利益相关者提供来自第三方、不受企业管理层操控的客观信息,进而消除双方的信息不对称性,压缩企业管理层的操控空间,在此情况下管理层往往会在社会责任报告中更为克制地使用修辞语言,披露真实的信息。基于以上分析本章进一步纳入分析师跟踪视角,提出如下假设。

假设7:分析师跟踪在内外部利益相关者压力作用于社会责任报告印象管理行为的过程中具有中介效应。

4.3 研究设计

4.3.1 影响社会责任报告修辞语言运用的因素

1. 样本选择和数据来源

深交所和上交所分别于2006年和2008年发布《深圳证券交易所上市公司社会责任指引》和《上海证券交易所上市公司环境信息披露指引》,开始强制要求部分上市企业披露独立社会责任报告,自2009年开始有较为充分的样本量。因此本章选取2009—2014年期间沪深两市披露社会责任报告的全部A股上市公司为研究样本,并对样本进行了如下筛选:剔除金融行业,剔除ST样本,剔除数据不全的样本观测值,最终获得3 023[①]条观测值。本章的社会责任信息披露数据来源于润灵环球社会责任评级(RKS)数据库,其他数据取自CSMAR数据库。

2. 变量选取

1) 被解释变量:修辞性指标

本章改进张秀敏 等(2016)的操作思路,以知网发布的开源并适用于所有自然语言的Hownet情感词表为基础处理依据,借鉴Diction(一种内容分析程序)的计算方法并自行编写分类识别程序,由此构建"语气强度""乐观性"和"确定

[①] 在描述性统计中各变量样本量存在较大差异,这是由于被解释变量修辞语言指标(tone)的三个指标对应的企业及年份并不完全一致,其中存在数据交叉,如A企业2010年社会责任报告中仅提取到语气强度指标,但无乐观性和确定性指标,而B企业当年社会责任报告中提取到确定性指标,无语气强度和乐观性指标。因此部分变量统计到的样本量不一致。

性"三个反映修辞情况的指标。

(1) 确定性(certainty)。在词表中的"主张"类词集中,有"感知"和"认为"两大类。"感知"类的确定性较弱,"认为"类的确定性较强,因此本章将"感知"类赋值为+1,"认为"类赋值为+2,故提取确定性指标的方式如式4-1所示:

$$certainty = \frac{总感知类词语数 + 总认为类词语数 \times 2}{总感知类词语数 + 总认为类词语数} \quad (式4-1)$$

(2) 语气强度(strength)。词表中的程度级别类词集中有六个小类别,按照程度级别的大小,本章将"极其/最"赋值为+3,"很"赋值+2,"较"赋值+1;与之对应,"稍"赋值+1,"欠"赋值+2,"超"赋值+3,以上权重会在文本处理过程中根据实际语义进行部分拓展或调整。该指标的表达界定如式4-2所示:

$$strength = \frac{(极其/最+超) \times 3 + (很+欠) \times 2 + (较+稍) \times 1}{总程度级别类词语数}$$

$$(式4-2)$$

(3) 乐观性(optimism)。该指标与谢德仁 等(2015)所提的tone指标建立方法相同,而所采用的语料库不同。根据Hownet词表中的"负面评价""负面情感""正面评价""正面情感"词语集中的关键词进行字符串匹配,正面(positive)的视为optimism,赋值+1,负面(negative)的视为pessimism,赋值-1,故定义乐观性指标如式4-3所示:

$$optimism = \frac{总正面词语数 \times 1 + 总负面词语数 \times (-1)}{总正面词语数 + 总负面词语数} \quad (式4-3)$$

在数据处理过程中本章主要对张秀敏 等(2016)的做法,在两个方面实现了改进:一是为改善常规转换软件精确度不高的问题,有效确保后续分句和分词结果的准确性,本章利用计算机自行编程加以转换,尤其需要确保社会责任报告中各类格式图表中词语的前后顺序正确和换行后的完整连接[①]。二是赋权过程中参照国外文献,计算机自动赋予不同权重系数[②]。

2) 解释变量

(1) 社会责任表现指标(csr)。社会责任表现指标(csr)分别采用指数法和

---

① 经过抽样检查结果显示,将文本的pdf格式转换为txt文本格式的转换准确率达到95%以上。
② 上述整个计算机服务器计算过程,并非能够通过完整的编程代码一次性完成。企业社会责任报告形式各异,造成每个步骤都会有部分的异常样本在运行过程中不规则弹出。因此,本章考虑的不是简单地删除样本,而是单独调试程序处理特定样本类型。

比值法进行衡量：① 润灵环球评级结果($rcsr$)。该指标从社会责任事实和披露情况来间接衡量中国上市公司的社会责任履行情况(朱松,2011)。② 捐赠支出情况($dona$)。采用捐赠支出与主营业务收入的比值相对量作为社会责任履行情况的替代指标(傅超 等,2017;王新 等,2015)。

(2) 公司治理指数(egi)。通过设计指数来衡量公司治理水平的做法已被国内外研究者普遍接受(白重恩 等,2005)。根据张学勇 等(2010)的指数构建方法，本章基于动态因子方法，寻找所有指标的线性组合来最大化描述公司治理的变化情况，取第一大主成分得分为公司治理指数(egi)，表4-1报告的是12个变量对于第一大主成分的载荷系数，系数的符号基本与理论预测符号相符合。

表4-1 公司治理指数的载荷系数

治理指标	变量名称	变量解释	载荷系数
持股结构与股东权益	最大股东持股比例	第1大股东持股比例	−0.329 1
	股权制衡	第2大到第5大股东持股之和除以第1大股东持股比例	0.473 4
	股东会次数	公司年度召开的股东大会次数	0.524 9
	流通股比例	公司流通股所占比例	0.430 7
	国有股比例	公司国有股所占比例	−0.131 4
管理层治理	两职合一	公司董事长与CEO是否兼任	−0.095 9
	管理层持股	公司管理层持股比例	−0.246 0
董事、监事与其他治理形式	董事会规模	公司董事会人数	0.015 2
	独立董事比例	公司董事会中独立董事所占比例	0.012 2
	董事会次数	公司年度召开董事会次数	0.106 2
	监事会次数	公司年度召开监事会次数	0.082 0
	委员会个数	公司设立的各种委员会个数(如薪酬委员会等)	0.105 9

3) 控制变量

参照 Wang et al.(2018)的做法,从企业层面和管理层特征层面同时进行控制。公司层面选取了公司规模($size$,总资产的自然对数)、资产负债率(lev,总负债与总资产之比)、经营现金流量(cfo,经营活动产生的净现金流量与总资产的比值)、盈余波动性(vol,前五期盈余的标准差)、企业的产权性质($state$,最终控制人为国有取 1,否则取 0)以及是否为重污染行业(pol,为重污染行业企业取 1,否则取 0)。管理者特征层面选取了女性高管占比($female$,女性高管人数与高管总人数之比)、高管平均年龄(avg_age,所有高管年龄的平均值)以及高管受教育程度(edu,大专以下取 1,大专取 2,本科取 3,硕士取 4,博士取 5)。

3. 模型设计

为实现本章的研究目的,结合文献综述的理论机制,借鉴 Cho et al.(2010)、谢德仁 等(2015)模型构建思路,本章构建式 4-4 来验证假设 1:

$$tone_{it} = \alpha_1 + \beta_1 \times csr_{it} + \varphi \times control_{it} + \sum year + \sum industry + \varepsilon_{it}$$

(式 4-4)

其中,i、t 分别表示企业和年份,ε_{it} 为残差项。被解释变量 $tone$ 为修辞语言指标,包括语气强度($strength$)、乐观性($optimism$)、确定性($certainty$)三个指标。$control$ 是控制变量。若社会责任报告中运用的修辞语言与社会责任履行情况存在显著的系统性差异,社会责任履行更差的企业反而表现出更强的语气强度和乐观性、更弱的确定性。因此,本章预计以 $strength$、$optimism$ 为被解释变量时,$\beta_1 < 0$;以 $certainty$ 为被解释变量时,$\beta_1 > 0$。

为了研究公司治理对于社会责任报告中有偏修辞语言运用的抑制作用,构建式 4-5 验证假设:

$$tone_{it} = \alpha_2 + \beta_2 \times egi_{it} + \lambda_2 \times csr_{it} + \varphi \times control_{it} \\ + \sum year + \sum industry + \varepsilon_{it}$$

(式 4-5)

本章预计在社会责任表现较差的企业,以 $strength$、$optimism$ 为被解释变量时,$\beta_2 < 0$;以 $certainty$ 为被解释变量时,$\beta_2 > 0$。

借鉴 Baron et al.(1986)的做法,构建式 4-6 验证假设 3,即财务绩效在公司治理水平与修辞语言的关系之间的部分中介作用。

$$perform_{it} = \alpha_3 + \beta_3 \times egi_{it} + \lambda_3 \times csr_{it} + \varphi \times control_{it}$$
$$+ \sum year + \sum industry + \varepsilon_{it}$$

(式 4-6)(1)

$$tone_{it} = \alpha_4 + \beta_4 \times egi_{it} + \beta_5 \times perform_{it} + \lambda_4 \times csr_{it} + \varphi \times control_{it}$$
$$+ \sum year + \sum industry + \varepsilon_{it}$$

(式 4-6)(2)

$perform$ 为财务绩效指标,使用资产收益率(ROA)指标进行衡量。式 4-5、式 4-6(1)和式 4-6(2)构成了中介效应的验证途径,根据假设分析,本章预计 β_3 显著大于 0,β_4 和 β_5 均在统计上显著,且 $|\beta_4|<|\beta_2|$。

4.3.2 利益相关者与社会责任报告修辞语言

1. 样本选择和数据来源

本章选取 2009—2018 年的所有 A 股上市企业发布的社会责任报告为研究对象,均通过巨潮资讯网下载。在研究过程中,按照惯例剔除了金融行业的上市公司,同时还剔除了数据缺失、数值异常的样本,最终得到共 3 014 份有效样本。本章使用的确定性和语气强度两个指标是通过使用词袋法对社会责任报告进行处理后获得。社会责任表现数据来源于润灵环球社会责任评级数据库,财务及分析师跟踪等数据均来自 CSMAR 数据库或由 CSMAR 数据库中的数据计算获得。

2. 变量选取

1) 被解释变量
选择与上文相同的确定性($certainty$)和语气强度($strength$)指标。
2) 解释变量
与上文相同的社会责任表现(csr)。

外部($outside$)利益相关者压力指标由债权人压力($creditor$)、政府压力($government$)、消费者压力($customer$)和竞争者压力($competitor$)拟合而成;内部($inside$)利益相关者压力指标由股东压力($shareholder$)和员工压力($employee$)拟合而成。

3）控制变量

本章根据以往文献对公司财务特征、治理特征和规模特征等进行了控制。变量定义如表4-2所示。

表4-2 研究变量说明

	变量名称	变量符号	含义
被解释变量	语气强度	*strength*	根据Hownet词表中"程度级别"类词语加权统计得到
	确定性	*certainty*	根据Hownet词表中"感知"类和"认为"类词语加权统计得到
解释变量	社会责任表现	*csr*	润灵环球社会责任数据
	分析师跟踪	*analy*	跟踪该企业的分析师总数加1并取自然对数
	股东压力	*shareholder*	每股收益=税后利润/期末总股本
	债权人压力	*creditor*	资产负债率=总负债/总资产
	政府压力	*government*	税收贡献率=全部税金/主营业务收入
	员工压力	*employee*	员工所得贡献率=支付给职工以及为职工支付的现金/主营业务收入
	消费者压力	*customer*	存货周转率=主营业务成本/存货平均余额（舆情）
	竞争者压力	*competitor*	赫芬达尔指数（地区）
	外部压力	*outside*	四类外部利益相关者的合成指标
	内部压力	*inside*	两类内部利益相关者的合成指标
控制变量	总资产报酬率	*roa*	税后利润/总资产
	净资产收益率	*roe*	净利润/平均股东权益
	董事会规模	*board*	董事会总人数取自然对数
	独董占比	*idr*	独立董事人数占董事会总人数的比例
	两职合一程度	*dua*	董事长总经理是否为同一人,如果为同一人则该变量取1,否则取0
	托宾Q值	*tobinq*	市场表现=市场价值/资产重置成本
	股权集中度	*top10*	公司前十大股东持股比例

3. 模型设计

为考察企业社会责任报告中的印象管理现象,本章首先构建式 4-7,以语义修饰指标($certainty$ 和 $strength$)为被解释变量,社会责任表现(csr)为被解释变量,用于检验假设 4。

$$certainty_{i,t}(strength_{i,t}) = \alpha_0 + \alpha_1 csr_{i,t} + \alpha_2 control_{i,t} + \rho_i + \mu_t + \delta_{i,t}$$

(式 4-7)

在此基础上,本章为验证内外部利益相关者压力对语义指标的作用情况构建式 4-8,以检验假设 5、假设 6。

$$certainty_{i,t}(strength_{i,t}) = \beta_0 + \beta_1 outside_{i,t}(inside_{i,t}) + \beta_2 control_{i,t} + \rho_i + \mu_t + \delta_{i,t}$$

(式 4-8)

为探究分析师跟踪($analy$)是否为上述作用中的中介变量,本章采用因果逐步回归检验法,构建式 4-9、式 4-10,用于检验假设 7。

$$analy_{i,t} = \gamma_0 + \gamma_1 outside_{i,t}(inside_{i,t}) + \gamma_2 control_{i,t} + \rho_i + \mu_t + \delta_{i,t}$$

(式 4-9)

$$certainty_{i,t}(strength_{i,t}) = \varepsilon_0 + \varepsilon_1 outside_{i,t}(inside_{i,t}) + \varepsilon_2 analy_{i,t}$$
$$+ \varepsilon_3 control_{i,t} + \rho_i + \mu_t + \delta_{i,t}$$

(式 4-10)

其中 i 和 t 分别为企业和年度,ρ_i 表示企业的行业固定效应,μ_t 为年份固定效应。ε_{it} 为残差项。

4.4 实证检验与结果分析

4.4.1 影响社会责任报告修辞语言运用的因素

1. 描述性统计分析

各指标变量的描述性统计如表 4-3 所示,披露社会责任报告的这些企业整体看来,语气强度、乐观性和确定性指标的均值分别为 2.119、0.970 和 1.232,语气强度和乐观性方面都明显偏向于更强的语气和更乐观的态度,表明较多企业注重这两种修辞手段强调正面信息;而确定性方面略偏向感知类修辞,使用混淆模糊的语言掩饰坏消息。三类语气指标的标准差均在 0.120~0.260 之间,反映出大多数社会责任报告预期均符合共同的选择策略。在企业社会责任履行情况指标中,润灵环球评级结果均值为 38.030,捐赠支出与营业利润之比的均值为 0.003,表明大部分企业社会责任履行还处于中下水平,且不同企业的社会责任履行状况差距较大。通过主成分分析得到的公司治理指数均值为 1.120,标准差为 0.100。其他公司层面和管理者特征层面的变量基本符合正态分布。

表 4-3 指标描述性统计

变量	含义	样本量	均值	标准差	最小值	最大值
被解释变量——修辞语言指标(tone)						
$strength$	语气强度	2 075	2.119	0.237	1.176	3.000
$optimism$	乐观性	1 587	0.970	0.123	−0.333	1.000
$certainty$	确定性	1 748	1.232	0.253	1.000	1.929
解释变量						
$rcsr$	润灵环球评级结果	2 934	38.030	12.370	13.330	89.300
$dona$	捐赠支出情况	1 385	0.003	0.036	7.01e−08	1.186
egi	公司治理指数	3 023	1.120	0.100	0.701	1.907
控制变量						
$size$	公司规模	3 023	22.950	1.736	18.270	30.660
lev	资产负债率	3 023	0.505	0.217	0.008	1.843
cfo	经营现金流量	3 023	0.034	0.083	−0.491	0.564
vol	盈余波动性	2 925	0.033	0.076	0.000	3.371
$state$	产权性质	3 023	0.555	0.497	0.000	1.000
pol	重污染行业	3 023	0.417	0.493	0.000	1.000

续 表

变量	含义	样本量	均值	标准差	最小值	最大值
female	女性高管占比	2 990	0.142	0.085	0.027	0.500
avg_age	高管平均年龄	2 990	47.240	4.323	17.235	64.240
edu	高管受教育程度	2 318	3.698	0.793	1.000	5.000

2. 单变量检验结果

表4-4报告了在不同社会责任履行情况下[①]三种修辞语言指标的单变量检验结果。从结果中可以看出,相较于社会责任履行较好一组,社会责任履行较差组的 *strength* 和 *optimism* 指标的 t 检验和 rank-sum 检验结果均显著大于0, *certainty* 的两个结果均显著小于0,表明在社会责任履行较差的情况下,企业会选择语气强度更强、更积极且确定性更低的修辞手段,符合企业在社会责任报告中强调好消息、模糊坏消息的策略。初步验证了假设1。

表4-4 修辞语言指标单变量检验结果

指标	社会责任履行较差		社会责任履行较好		t 检验	Wilcoxon rank-sum 检验
	平均值	中位数	平均值	中位数	t 值	z 值
strength	2.01	2.16	1.98	2.05	13.30***	13.29***
optimism	0.99	1.00	0.88	1.00	4.43***	10.01***
certainty	1.29	1.00	1.76	1.30	−12.25***	−12.57***

注:*** 表示在1%的统计水平上显著。

3. 基准回归结果

考虑到控制变量与企业社会责任报告中的修辞语气变量之间可能存在显

---

① 若企业润灵环球评级得分大于所有得分的中位数,则定义为社会责任履行情况较好,否则定义为社会责任履行较差。按照捐赠支出中位数分组,得出的结果与此一致。

著的影响效应,本章采用固定效应模型对基准回归结果进行估计检验,结果如表 4-5 所示。rcsr 指标与 strength 和 optimism 指标分别在 1% 和 5% 的显著性水平上负相关,表明在社会责任履行较差的情况下,管理层更会选择利用更加强烈的语气和更积极的语调来强调好消息。相应的,rcsr 指标与 certainty 指标在 1% 的水平上显著正相关,意味着管理层会同时选择降低语气确定性,利用模棱两可的语言语调模糊负面信息的策略。同样的,dona 指标与 strength 和 optimism 的系数分别为 -1.198 和 -0.368,与 certainty 指标的系数为 2.886,且都达到统计上的显著性水平。因此,社会责任报告中的修辞语言与企业实际的社会责任履行并未保持一致,社会责任履行情况越差,语气强度和乐观性越强,确定性越弱,表明了社会责任报告中的修辞语言有偏运用,假设 1 得到验证。

表 4-5 企业社会责任履行与修辞语言运用的估计结果

变量	(1) strength	(2) strength	(3) optimism	(4) optimism	(5) certainty	(6) certainty
rcsr	-0.007***		-0.001**		0.006***	
	(-5.45)		(-2.29)		(4.62)	
dona		-1.198*		-0.368***		2.886***
		(-1.72)		(-2.66)		(3.88)
size	0.018***	-0.008	-0.004**	-0.005**	-0.013***	0.012***
	(2.81)	(-1.24)	(-2.34)	(-2.43)	(-3.39)	(4.82)
lev	-0.048	0.055	-0.010	-0.009	0.043***	0.020
	(-1.13)	(0.68)	(-0.57)	(-0.44)	(2.59)	(0.49)
cfo	-0.048	-0.155***	0.008	-0.036	0.020	-0.047
	(-0.85)	(-4.42)	(0.36)	(-0.92)	(0.35)	(-1.44)
vol	-0.020	0.029	0.011	0.010***	-0.048	-0.043
	(-0.53)	(0.87)	(1.31)	(3.63)	(-1.08)	(-0.79)

续 表

变量	(1) strength	(2) strength	(3) optimism	(4) optimism	(5) certainty	(6) certainty
state	0.004	0.017	−0.001	0.001	0.052***	0.037***
	(0.20)	(1.15)	(−0.08)	(0.12)	(7.22)	(4.05)
pol	0.005	−0.023	−0.010*	−0.017	0.058***	0.067***
	(0.18)	(−0.90)	(−1.76)	(−1.15)	(3.78)	(4.56)
female	0.011	−0.022	0.027	−0.002	−0.056	0.092
	(0.16)	(−0.53)	(0.98)	(−0.06)	(−1.34)	(1.05)
avg_age	0.000	−0.002	0.000	0.000	0.003***	0.004***
	(−0.78)	(−1.64)	(−0.22)	(−0.28)	(4.10)	(3.76)
edu	−0.004	−0.014	0.002	0.000	0.003	0.021*
	(−0.39)	(−1.34)	(0.31)	(0.03)	(0.25)	(1.91)
常量	2.043***	2.508***	1.068***	0.968***	0.938***	0.488***
	(18.11)	(26.70)	(30.12)	(11.48)	(11.08)	(6.23)
行业效应	YES	YES	YES	YES	YES	YES
年份效应	YES	YES	YES	YES	YES	YES
Hausman	0.005	0.019	0.002	0.015	0.004	0.062
样本量	2 075	1 003	1 587	783	1 748	846

注：*、**、***分别指在10%、5%和1%的统计水平上显著。括号内为 t 或 z 值。本章使用聚类稳健性标准差，cluster 为企业层面。

表4-6列示了企业公司治理水平对社会责任报告中的修辞语言运用的影响结果。可以看出，不论是在以 rcsr 指标[第(1)(3)(5)列]还是 dona 指标[第(2)(4)(6)列]衡量的社会责任履行情况时，公司治理水平 egi 与 strength 和 optimism 均显著负相关，而与 certainty 显著正相关。检验结果表明，公司治理水平的提高能够有效抑制社会责任报告中修辞语言运用的有偏性，语气强度和乐观性得到降低，确定性得以提高，验证了假设2。

表4-6 企业公司治理水平与修辞语言运用的估计结果

变量	(1) strength	(2) strength	(3) optimism	(4) optimism	(5) certainty	(6) certainty
egi	−0.268***	−0.120**	−0.031*	−0.006*	0.068***	0.145*
	(−13.38)	(−2.11)	(−1.82)	(−1.85)	(4.20)	(1.65)
rcsr	−0.007***		−0.001**		0.007***	
	(−5.41)		(−2.42)		(10.16)	
dona		−1.082		−0.485***		3.473**
		(−1.54)		(−5.87)		(2.52)
size	0.020***	−0.008	−0.005**	−0.005*	−0.011*	0.010***
	(3.11)	(−1.13)	(−2.36)	(−1.88)	(−1.77)	(5.03)
lev	−0.044	0.056	−0.014	−0.013	0.035	0.068*
	(−1.07)	(0.70)	(−0.84)	(−0.50)	(0.81)	(1.86)
cfo	−0.044	−0.147***	0.019	−0.006	0.014	0.009
	(−0.79)	(−4.53)	(0.73)	(−0.13)	(0.42)	(0.18)
vol	−0.033	0.024	0.011	0.011***	−0.043	−0.031**
	(−0.82)	(0.66)	(1.36)	(3.16)	(−0.94)	(−2.06)
state	−0.006	0.012	0.037***	0.001	−0.044***	−0.046***
	(−0.40)	(0.77)	(14.04)	(0.12)	(−3.12)	(−3.01)
pol	0.006	−0.022	−0.005	−0.013	0.069***	0.089***
	(0.24)	(−0.85)	(−0.73)	(−0.71)	(7.41)	(4.89)
female	0.001	−0.025	0.041**	0.012	−0.056	0.034
	(0.02)	(−0.59)	(1.99)	(0.38)	(−1.39)	(0.48)
avg_age	0.000	−0.002*	0.000	0.000	0.003***	0.004***
	(−1.53)	(−1.73)	(−0.39)	(0.07)	(3.95)	(3.13)

续　表

变　量	(1)	(2)	(3)	(4)	(5)	(6)
	strength	*strength*	*optimism*	*optimism*	*certainty*	*certainty*
edu	−0.002	−0.013	0.001	0.003	0.004	0.028***
	(−0.15)	(−1.26)	(0.16)	(0.84)	(0.73)	(3.19)
常　量	2.294***	2.631***	1.074***	1.066***	1.115***	0.791***
	(19.41)	(37.92)	(29.72)	(23.14)	(9.31)	(6.79)
行业效应	YES	YES	YES	YES	YES	YES
年份效应	YES	YES	YES	YES	YES	YES
Hausman	0.085	0.066	0.001	0.085	0.006	0.061
样本量	2 075	1 003	1 587	783	1 748	846

注：*、**、*** 分别指在 10%、5% 和 1% 的统计水平上显著。括号内为 t 或 z 值。本章使用聚类稳健性标准差，cluster 为企业层面。

为研究公司治理水平对修辞语言运用的影响路径，在表 4-6 的基础上增加了相应变量，结果如表 4-7 所示。该路径分析包含三个步骤，首先，表 4-6 已经表明公司治理水平能够有效地抑制社会责任报告中的有偏修辞语言运用。其次，表 4-7 的第(1)列所示用以验证解释变量 *egi* 对中介变量的作用。*egi* 与 *roa* 的系数为 0.017 且在 1% 的水平上显著，表明公司治理水平能够正向促进企业绩效，证明了中介变量的解释力度。最后，表 4-7 第(2)(3)(4)列用以检验中介变量的加入对被解释变量的影响。

可以看出，在 *roa* 的作用下，*egi* 与 *strength* 及 *optimism* 的系数为 −0.267 和 −0.013，且均在 1% 的水平上显著；与 *certainty* 的系数为 0.020，在 10% 的显水平上显著。与表 4-6 的结果相比，三个系数的绝对值均在一定幅度上降低（0.267<0.268，0.013<0.031，0.020<0.068）。同时，中介变量的系数也均在统计上显著，系数方向与 *egi* 保持一致，表明 *roa* 的提高能够一定程度上抑制修辞语言运用的有偏性。根据中介效应模型，中介效应检验的 Sobel z 值分别为 −1.626、−3.425 和 1.934，均在统计上显著。

综合上述结果，以 *roa* 衡量的企业绩效确实在公司治理水平对修辞语言运用的影响中起到部分中介的作用，即公司治理水平既可以直接通过对管理者的监督，抑制社会责任报告中自由裁量权的随意使用；也可以通过提高企业绩效间接降低管理者的自利动机，从而降低修辞语言的有偏性。假设3得到验证[①]。

表4-7 企业公司治理水平、企业绩效与修辞语言运用的估计结果

变量	(1) roa	(2) strength	(3) optimism	(4) certainty
egi	0.017***	−0.267***	−0.013***	0.020*
	(3.30)	(−14.46)	(−4.34)	(−1.88)
roa		−0.092*	−0.090**	0.088***
		(−1.84)	(−2.22)	(2.71)
rcsr	0.000***	−0.007***	−0.001**	0.007***
	(−4.98)	(−5.30)	(−2.47)	(10.25)
size	0.004*	0.020***	−0.004**	−0.011*
	(1.70)	(3.26)	(−2.34)	(−1.75)
lev	−0.099***	−0.053	−0.026	0.031
	(−2.81)	(−1.30)	(−1.43)	(0.68)
cfo	0.191***	−0.027	0.034	0.021
	(10.54)	(−0.38)	(1.12)	(0.70)
vol	0.036	−0.029	0.012	−0.041
	(0.60)	(−1.00)	(1.42)	(−0.88)
state	−0.031***	−0.009	0.035***	−0.044***
	(−12.39)	(−0.54)	(12.51)	(−3.15)

① 以捐赠支出相对值衡量社会责任履行的情况下对中介效应的验证结果与表4-6一致，egi与strength、optimism和certainty的系数分别为0.113、−0.003和0.138，与表4-5的结果相比绝对值显著降低。进一步验证了假设3。因文章篇幅所限，该实证结果未在文中披露。

续　表

变　量	(1)	(2)	(3)	(4)
	roa	*strength*	*optimism*	*certainty*
pol	−0.006*	0.005	−0.005	0.069***
	(−1.86)	(0.22)	(−0.76)	(7.40)
female	0.039***	0.005	0.043**	−0.054
	(3.28)	(0.07)	(2.01)	(−1.36)
avg_age	0.000	0.000*	0.000	0.003***
	(−0.67)	(−1.73)	(−0.54)	(3.96)
edu	0.002	−0.001	0.001	0.004
	(1.01)	(−0.13)	(0.19)	(0.73)
常　量	0.014	2.297***	1.070***	1.115***
	(0.39)	(18.61)	(31.42)	(9.42)
行业效应	YES	YES	YES	YES
年份效应	YES	YES	YES	YES
Hausman	0.085	0.085	0.001	0.006
样本量	2 075	2 075	1 587	1 748

注：*、**、***分别指在10%、5%和1%的统计水平上显著。括号内为 t 或 z 值。本章使用聚类稳健性标准差，cluster 为企业层面。

4.4.2　利益相关者与社会责任报告修辞语言

1. 描述性统计分析

从表4-8总体样本的主要变量的描述性统计结果来看，语气强度指标的最小值与最大值相差较大，表明各个企业的语气强度不尽相同，并没有保持在某一个特定的水平；确定性指标的最大值与最小值也相差较大，均值与最小值较为接近，从该结果可以看出大部分企业的确定性指标均位于相对较低的程度，表明大部分社会责任报告中并未使用确定性很强的词语①。

从解释变量的描述性统计结果来看，内部利益相关者压力均值明显低于外部压力，反映出企业日常活动受外部利益相关者约束较大；内部利益相关者压力最小值为负，表明部分企业未能很好地满足内部利益相关者的预期要求。分析师跟踪指标的描述性统计结果则表明，目前企业普遍处于分析师关注范围内，但根据分析师跟踪指标标准差较大得知分析师存在选择偏好，不同企业的分析师数量存在差异。

表4-8 主要变量描述性统计

变量名称	(1) 样本量	(2) 均值	(3) 标准差	(4) 中位数	(5) 最小值	(6) 最大值
csr	3 014	38.730	11.050	36.810	15.320	89.000
$strength$	3 014	4.770	8.470	2.230	0.000	126.000
$certainty$	3 014	1.340	0.270	1.330	1.000	2.000
$analy$	3 014	3.320	1.060	3.550	0.690	5.300
$outside$	3 014	1.140	0.820	0.960	0.120	7.750
$inside$	3 006	0.280	0.260	0.240	−5.160	2.290
roa	3 014	0.050	0.060	0.040	−0.650	0.480
roe	3 014	0.090	0.130	0.090	−2.820	0.840
soe	3 014	0.600	0.490	1.000	0.000	1.000
$board$	3 014	9.190	1.950	9.000	4.000	18.000
idr	3 014	0.380	0.060	0.360	0.130	0.670
dua	3 014	0.160	0.370	0.000	0.000	1.000
$tobinq$	3 014	1.550	1.580	1.080	0.070	22.890
$top10$	3 014	58.080	15.540	58.540	9.160	97.300

① 尽管我国上市公司发布社会责任报告的数量处于增长态势，但由于披露社会责任履行情况仍主要是企业的自发行为，披露目的和初衷便在于树立履行社会责任的良好形象，这就导致披露过程中会往往倾向于披露正面信息，消极词汇提取数量实际为0，因此难以获得有效反映"乐观性"的数量指标。对此本章研究中不予考虑"乐观性"维度。

2. 社会责任表现与修辞语言运用

采用固定效应回归模型检验全样本社会责任表现与语义修饰指标的关系，回归结果如表4-9所示，第(2)(4)列均考虑了年份固定效应与行业固定效应。第(1)(2)列以强度指标为被解释变量，回归显示社会责任表现的系数分别为 -0.055、-0.065，均在5%的水平上显著，表明社会责任表现越差的企业，其社会责任报告会使用语气程度越强的语言来让报告使用者信服，验证假设4。而第(3)(4)列以确定性指标为被解释变量，回归显示社会责任表现的系数不显著，即社会责任表现与语言确定性不存在显著的因果关系。这在一定程度上是由于代表确定性的"主张"类词集类别相对较少，依据描述性统计的结果也可以发现确定性指标的平均数与中位数均远小于语气强度指标。企业为掩盖社会责任表现不佳的事实会选择更为多样的语言表达形式，即可选择类别更多、情感更为强烈的语气强度操控，因此相关词类别较少的确定性指标会与社会责任表现呈现较弱的相关关系。

表4-9 社会责任表现与语义指标回归结果

变量	(1) strength	(2) strength	(3) certainty	(4) certainty
csr	-0.055**	-0.065**	0.000	0.001
	(-2.24)	(-2.13)	(-0.02)	(0.74)
roa	8.377	8.906	-0.173	-0.215
	(1.20)	(1.26)	(-0.81)	(-1.00)
roe	-2.434	-2.386	0.079	0.078
	(-0.89)	(-0.87)	(0.95)	(0.94)
soe	-1.907	-1.946	-0.021	-0.023
	(-1.24)	(-1.26)	(-0.45)	(-0.49)
board	-0.482**	-0.470**	-0.002	-0.003
	(-2.53)	(-2.45)	(-0.41)	(-0.44)

续 表

变量	(1) strength	(2) strength	(3) certainty	(4) certainty
idr	−8.358*	−8.281*	0.068	0.073
	(−1.80)	(−1.77)	(0.48)	(0.51)
dua	0.279	0.273	−0.015	−0.014
	(0.41)	(0.40)	(−0.72)	(−0.65)
tobinq	−0.075	−0.119	0.013**	0.014**
	(−0.44)	(−0.61)	(2.57)	(2.36)
top10	0.025	0.029	0.000	0.000
	(0.95)	(1.08)	(0.52)	(0.41)
常 量	14.020***	13.630***	1.303***	1.269***
	(3.87)	(3.36)	(11.80)	(10.28)
行业效应	NO	YES	NO	YES
年份效应	NO	YES	NO	YES
样本量	3 014	3 014	3 014	3 014
R^2	0.007	0.008	0.004	0.007

注：*、**、*** 分别表示在10%、5%和1%的统计水平上显著。

3. 利益相关者压力、分析师跟踪与修辞语言运用

分别以社会责任报告语言强度与确定性为被解释变量，以外部利益相关者压力与内部利益相关者压力为解释变量，固定行业与年份效应后回归结果如表4-10所示。第(1)(2)列显示外部利益相关者压力的系数均显著为正，即外部利益相关者压力较大时，管理层会趋向于采用语气程度更强、更为确定的语言表达以调和企业与外部利益相关者的关系，验证假设6。对比第(1)(2)列系数大小发现，相较于对披露信息的确定性操控，外部利益相关者压力对语气强度操

控程度的影响更大,这与前述企业社会责任表现较差时会采用语气强度操控、不一定采用确定性操控的实证结果具有一致性。第(3)(4)列显示,内部利益相关者压力与强度指标不存在因果关系、与确定性指标呈现负相关关系。较大的内部利益相关者压力能够抑制管理层通过更为确定的语言表达传递良好信号的印象管理行为,验证假设5。

然而值得注意的是,内部压力回归结果中语气强度指标不显著、确定性指标显著,这与前述以社会责任表现为自变量的回归结果恰好相反,说明管理层认为内部利益相关者比较倾向于通过"主张"类表述对企业社会责任表现进行判断,这符合内部利益相关者拥有相对多的内部信息这种状况。由于衡量确定性指标的"主张"类词汇更多用于陈述企业的态度与看法,而衡量语气强度指标的程度级别类词更多用于描述事实情况,而内部利益相关者对企业运营实况了解相对充分,因此企业倾向于通过运用"主张"类词汇对内部利益相关者进行印象管理。

表 4-10 利益相关者压力与语义指标回归结果

变量	(1) *strength*	(2) *certainty*	(3) *strength*	(4) *certainty*
outside	1.010**	0.026**		
	(2.45)	(2.06)		
inside			−0.496	−0.064**
			(−0.49)	(−2.10)
roa	7.815	−0.226	11.620	−0.174
	(1.11)	(−1.05)	(1.34)	(−0.66)
roe	−2.264	0.078	−2.972	0.192
	(−0.83)	(0.93)	(−0.73)	(1.55)
soe	−1.945	−0.022	−1.952	−0.020
	(−1.26)	(−0.47)	(−1.26)	(−0.43)
board	−0.478**	−0.003	−0.450**	−0.003
	(−2.49)	(−0.52)	(−2.33)	(−0.53)

续 表

变量	(1) strength	(2) certainty	(3) strength	(4) certainty
idr	−8.207*	0.066	−8.086*	0.066
	(−1.76)	(0.47)	(−1.72)	(0.46)
dua	0.341	−0.014	0.297	−0.017
	(0.49)	(−0.67)	(0.43)	(−0.80)
$tobinq$	−0.104	0.014**	−0.128	0.013**
	(−0.53)	(2.38)	(−0.64)	(2.08)
$top10$	0.026	0.000	0.026	0.001
	(0.97)	(0.44)	(0.98)	(0.62)
常量	11.030***	1.269***	11.740***	1.289***
	(2.77)	(10.49)	(2.95)	(10.66)
行业效应	YES	YES	YES	YES
年份效应	YES	YES	YES	YES
样本量	3 014	3 014	3 006	3 006
R^2	0.009	0.009	0.006	0.009

注：*、**、***分别表示在10%、5%和1%的统计水平上显著。

依据表4-9、表4-10，纳入分析师跟踪作为中介变量，检验结果如表4-11所示。第(1)(4)列中外部与内部利益相关者压力指标系数均在1%水平显著为正，表明内外部压力均会使得更多的分析师关注并剖析企业的信息披露与实际情况。第(2)(3)列回归结果显示，分析师跟踪仅在外部利益相关者压力与管理层语言确定性操控行为两者间具有中介效应，且由于外部利益相关者压力指标与分析师跟踪指标系数符号相反，存在效应被遮掩的情况。基于前述分析与第(6)列回归结果，内部利益相关者压力抑制管理层借助高确定性的语言表达修饰信息披露行为的途径有两种，一是直接抑制该行为，二是通过正向促进分析师跟踪数量进而抑制该行为,验证假设 7。

可以发现,分析跟踪的中介效应仅出现于内外部利益相关者压力与确定性指标之间,在以语气强度指标为因变量的回归中不显著。

这是由于分析师报告为利益相关者提供了更充实的事实类信息描述与分析,因而在此基础上利益相关者会更关注企业社会责任报告中对自身态度与看法的阐述,这与前述内部利益相关者拥有更多内部信息而关注"主张"类表述的分析结果具有一致性。

表 4-11 分析师跟踪的中介作用检验

变量	(1) analy	(2) strength	(3) certainty	(4) analy	(5) strength	(6) certainty
outside	0.106***	1.014**	0.028**			
	(3.71)	(2.45)	(2.24)			
inside				0.181***	−0.501	−0.061**
				(2.61)	(−0.50)	(−1.99)
analy		−0.040	−0.021**		0.028	−0.019**
		(−0.13)	(−2.35)		(0.09)	(−2.13)
roa	1.622***	7.880	−0.191	1.622***	11.580	−0.143
	(3.33)	(1.11)	(−0.89)	(2.71)	(1.33)	(−0.54)
roe	−0.008	−2.264	0.078	−0.247	−2.965	0.187
	(−0.04)	(−0.83)	(0.93)	(−0.88)	(−0.73)	(1.52)
soe	0.240**	−1.936	−0.017	0.238**	−1.959	−0.016
	(2.25)	(−1.25)	(−0.36)	(2.23)	(−1.26)	(−0.34)
board	0.029**	−0.477**	−0.002	0.029**	−0.451**	−0.003
	(2.22)	(−2.48)	(−0.42)	(2.15)	(−2.33)	(−0.43)
idr	0.179	−8.200*	0.070	0.229	−8.092*	0.070
	(0.56)	(−1.75)	(0.49)	(0.71)	(−1.72)	(0.49)

续 表

变量	(1) analy	(2) strength	(3) certainty	(4) analy	(5) strength	(6) certainty
dua	0.070	0.344	−0.013	0.065	0.295	−0.016
	(1.48)	(0.50)	(−0.60)	(1.35)	(0.42)	(−0.74)
tobinq	0.026*	−0.103	0.015**	0.026*	−0.129	0.013**
	(1.91)	(−0.52)	(2.48)	(1.92)	(−0.64)	(2.16)
top10	0.000	0.026	0.000	−0.001	0.026	0.001
	(−0.19)	(0.97)	(0.43)	(−0.25)	(0.98)	(0.61)
常量	2.434***	11.130***	1.321***	2.515***	11.670***	1.338***
	(8.87)	(2.75)	(10.75)	(9.16)	(2.88)	(10.87)
行业效应	YES	YES	YES	YES	YES	YES
年份效应	YES	YES	YES	YES	YES	YES
样本量	3 014	3 014	3 014	3 006	3 006	3 006
R^2	0.074	0.009	0.011	0.067	0.006	0.011

注：*、**、*** 分别表示在 10%、5% 和 1% 的统计水平上显著。

4.5 稳健性检验

4.5.1 影响社会责任报告修辞语言运用的因素

1. 内生性问题的处理

在模型回归中，变量之间因为遗漏变量或逆向因果存在的内生性问题，可能导致估计结果的不可靠。参照 Blundell et al.(1998)，本章采用两步系统动态 GMM 法进行回归估计来克服内生性问题。对比表 4-5 回归结果可以看出，GMM 估计保持了公司治理水平和社会责任履行状况对企业社会责任报告中的修辞语言运用的影响效应的一致性，egi 指标与 strength 和 optimism 指标系数仍为负相关,且显著性增强,与 *certainty* 指标的系数虽然不显著,但方向上仍保持一致。*rcsr* 和 *dona* 指标的系数方向和显著性仍符合假设,从而验证了本章基准模型的回归估计结果[①]。

2. 公司治理水平替代指标检验

为了更好地检验公司治理指标的作用,本章参照周宏 等(2018)的做法,将构成公司治理指数的 12 个变量分别按照模型 2 进行回归。回归结果表明,股权制衡、管理层持股、董事会规模、独立董事比例和董事会次数 5 个变量与修辞语言指标中至少两个指标有显著影响,且系数的方向符合对公司治理指数的贡献结果。其他变量的回归结果也未有明显的证据表明与假设 2 的结果相悖。

3. 企业绩效替代指标检验

假设 3 中介变量企业绩效的衡量指标除了选择在会计上具有较强综合性的盈利指标 *roa*,本章进一步选择反映公司未来预期利润和成长前景的托宾 Q 值 (*tobinq*)作为替代变量进行回归。回归结果基本与表 4-6 保持一致,符合假设 3 的结果。

4.5.2 利益相关者与社会责任报告修辞语言

2010 年 11 月,国际标准化组织发布了社会责任指南标准,2011 年企业社会责任逐渐受到更为广泛的关注。为了验证研究结论的稳健性,本部分采用调整样本周期的方法,验证 2011—2018 年基准回归结果与全样本回归结果的一致性,表 4-12 报告了采用该方法后的系数结果,回归结果与前文结论保持一致。

表 4-12 更换样本期间稳健性检验

变量	(1) *strength*	(2) *certainty*	(3) *strength*	(4) *certainty*	(5) *strength*	(6) *certainty*
csr	−0.068**	0.000				
	(−2.09)	(0.20)				

[①] 由于篇幅的限制,作者略去了相关表格,如有需要,可联系作者。

续 表

变 量	(1) strength	(2) certainty	(3) strength	(4) certainty	(5) strength	(6) certainty
outside			1.051**	0.038***		
			(2.47)	(2.97)		
inside					−0.400	−0.058*
					(−0.39)	(−1.87)
roa	12.330*	−0.334	11.330	−0.351	16.390*	−0.359
	(1.73)	(−1.54)	(1.59)	(−1.63)	(1.85)	(−1.34)
roe	−3.313	0.116	−3.249	0.116	−4.764	0.256**
	(−1.21)	(1.40)	(−1.19)	(1.39)	(−1.14)	(2.03)
board	−0.529***	−0.008	−0.537***	−0.009	−0.506**	−0.009
	(−2.65)	(−1.37)	(−2.69)	(−1.47)	(−2.51)	(−1.47)
idr	−3.700	−0.076	−3.528	−0.081	−3.400	−0.080
	(−0.76)	(−0.51)	(−0.73)	(−0.55)	(−0.70)	(−0.54)
dua	0.367	−0.014	0.408	−0.014	0.362	−0.017
	(0.53)	(−0.66)	(0.59)	(−0.67)	(0.52)	(−0.78)
tobinq	−0.111	0.015**	−0.094	0.016**	−0.117	0.014**
	(−0.53)	(2.44)	(−0.45)	(2.48)	(−0.55)	(2.21)
top10	0.030	0.001	0.027	0.001	0.026	0.001
	(1.09)	(0.79)	(0.96)	(0.80)	(0.95)	(0.97)
常 量	12.680***	1.348***	9.414**	1.324***	10.240***	1.360***
	(3.13)	(10.95)	(2.41)	(11.20)	(2.62)	(11.48)
样本量	2 799	2 799	2 799	2 799	2 791	2 791
R^2	0.009	0.008	0.010	0.012	0.007	0.010

注：*、**、***分别表示在10%、5%和1%的统计水平上显著。

企业社会责任报告的易读性与语气语调本身可能也会影响管理层对语气强度与语言表达确定性的操控,为了防止这两个遗漏变量的存在导致研究结论缺乏稳健性,本部分分别将易读性与语气语调纳入控制变量,回归结果分别如表 4-13 和表 4-14 所示,回归结果与前文一致。

表 4-13 控制易读性稳健性检验

变量	(1) strength	(2) certainty	(3) strength	(4) certainty	(5) strength	(6) certainty
csr	-0.065** (-2.15)	0.001 (0.75)				
outside			1.034** (2.50)	0.025** (2.01)		
inside					-0.499 (-0.50)	-0.065** (-2.14)
readability	0.062 (0.67)	-0.003 (-1.00)	0.072 (0.78)	-0.002 (-0.87)	0.055 (0.60)	-0.003 (-1.00)
roa	8.744 (1.24)	-0.208 (-0.97)	7.608 (1.08)	-0.220 (-1.02)	11.520 (1.33)	-0.160 (-0.61)
roe	-2.375 (-0.87)	0.076 (0.91)	-2.244 (-0.82)	0.076 (0.91)	-2.971 (-0.73)	0.186 (1.51)
board	-0.473** (-2.47)	-0.003 (-0.49)	-0.480** (-2.50)	-0.003 (-0.57)	-0.453** (-2.35)	-0.003 (-0.58)
idr	-7.665* (-1.65)	0.083 (0.58)	-7.599 (-1.64)	0.075 (0.53)	-7.462 (-1.60)	0.075 (0.53)
dua	0.334 (0.49)	-0.014 (-0.67)	0.406 (0.59)	-0.014 (-0.69)	0.355 (0.51)	-0.018 (-0.83)

续　表

变量	(1) strength	(2) certainty	(3) strength	(4) certainty	(5) strength	(6) certainty
tobinq	−0.112	0.014**	−0.096	0.014**	−0.120	0.013**
	(−0.57)	(2.39)	(−0.49)	(2.41)	(−0.60)	(2.10)
top10	0.029	0.000	0.026	0.000	0.026	0.001
	(1.07)	(0.42)	(0.96)	(0.45)	(0.96)	(0.64)
常量	13.450***	1.197***	11.010***	1.206***	11.410***	1.220***
	(3.13)	(9.15)	(2.62)	(9.42)	(2.70)	(9.51)
样本量	3 014	3 014	3 014	3 014	3 006	3 006
R^2	0.008	0.008	0.008	0.009	0.006	0.009

注：*、**、*** 分别表示在10％、5％和1％的统计水平上显著。

表4-14　控制语气语调稳健性检验

变量	(1) strength	(2) certainty	(3) strength	(4) certainty	(5) strength	(6) certainty
csr	−0.064**	0.001				
	(−2.09)	(0.75)				
outside			0.995**	0.026**		
			(2.41)	(2.06)		
inside					−0.431	−0.064**
					(−0.43)	(−2.09)
readability	−5.062*	−0.033	−5.053*	−0.027	−5.064*	−0.025
	(−1.88)	(−0.40)	(−1.88)	(−0.33)	(−1.87)	(−0.30)
roa	9.566	−0.211	8.492	−0.222	11.940	−0.172
	(1.35)	(−0.98)	(1.20)	(−1.03)	(1.38)	(−0.65)

续 表

变 量	(1) strength	(2) certainty	(3) strength	(4) certainty	(5) strength	(6) certainty
roe	−2.346	0.078	−2.226	0.078	−2.816	0.192
	(−0.86)	(0.94)	(−0.81)	(0.93)	(−0.69)	(1.56)
board	−0.473**	−0.003	−0.481**	−0.003	−0.453**	−0.003
	(−2.47)	(−0.45)	(−2.51)	(−0.53)	(−2.35)	(−0.54)
idr	−7.520	0.082	−7.448	0.074	−7.315	0.073
	(−1.62)	(0.58)	(−1.60)	(0.53)	(−1.57)	(0.52)
dua	0.320	−0.013	0.387	−0.014	0.343	−0.017
	(0.47)	(−0.63)	(0.56)	(−0.65)	(0.50)	(−0.78)
tobinq	−0.119	0.014**	−0.104	0.014**	−0.127	0.013**
	(−0.60)	(2.37)	(−0.53)	(2.39)	(−0.64)	(2.09)
top10	0.033	0.000	0.030	0.000	0.030	0.001
	(1.21)	(0.43)	(1.11)	(0.46)	(1.11)	(0.64)
常 量	13.690***	1.262***	11.130***	1.261***	11.810***	1.282***
	(3.44)	(10.42)	(2.86)	(10.63)	(3.03)	(10.81)
样本量	3 014	3 014	3 014	3 014	3 006	3 006
R^2	0.009	0.007	0.010	0.009	0.007	0.009

注：*、**、***分别表示在10%、5%和1%的统计水平上显著。

此外，本章还通过替换自变量检验结论的稳健性，社会责任变量采用和讯网发布的社会责任评分衡量，内外部利益相关者压力指标分别采用内部与外部利益相关者压力的几何平均数衡量。同时，为了解决内生性问题，本章还采取工具变量检验法，分别选取社会责任指标、内部压力指标以及外部压力指标的滞后两期变量作为各自的工具变量进行检验，回归结果也与前文均保持一致。

4.6 进一步讨论

4.6.1 影响社会责任报告修辞语言运用的因素

1. 不同修辞程度的估计分析

为了进一步研究公司治理水平对不同修辞程度的影响,本章分别按照三个修辞语言指标进行分样本检验,将 strength 和 optimism 的均值大于中位数及 certainty 小于中位数定义为修辞程度较高,否则归入修辞程度较低组,回归结果如表 4-15 所示。

表 4-15 不同修辞程度的估计结果

变量	修辞程度较高			修辞程度较低		
	(1)	(2)	(3)	(4)	(5)	(6)
	strength	optimism	certainty	strength	optimism	certainty
egi	−0.296***	−0.048***	0.051*	−0.222***	−0.022	0.083
	(−6.92)	(4.71)	(1.82)	(−8.93)	(0.69)	(−1.37)
rcsr	−0.007***	−0.002***	0.007***	−0.006***	0.000	0.007***
	(−3.43)	(−3.79)	(5.19)	(−6.19)	(0.33)	(15.71)
控制变量效应	YES	YES	YES	YES	YES	YES
Hausman	0.004	0.013	0.026	0.012	0.021	0.029
样本量	1 061	891	884	1 014	846	864
经验 P 值	0.024***	0.010**	0.078***	0.024***	0.010**	0.078***

注:*、**、***分别表示在 10%、5% 和 1% 的统计水平上显著。小括号内为 t 值或 z 值。本章使用聚类稳健性标准差,cluster 为企业层面。经验 P 值经过基于 SUR 模型的检验得到,P 值显著说明组间系数存在显著差异性。

在修辞程度较高组,egi 与 strength 和 optimism 的系数显著为负,与 certainty 系数显著为正,表明公司治理水平能够有效降低修辞语言运用中的有偏性。而对于修辞程度本身较低的企业，egi 仅与 $strength$ 指标显著负相关，没有明确证据表明公司治理水平能够降低其中的乐观性和确定性。通过 SUR 模型检验得到的经验 P 值也表明，修辞程度较高组的 egi 系数与修辞程度较低组均存在显著差异。修辞语言运用程度较高的企业与社会责任履行情况较差的企业具有一定的重合度，而公司治理水平作为企业的一种内部治理机制，能够在一定程度上弥补社会责任报告在外部监管上存在的薄弱和缺失，成为提高非财务信息披露质量的内生效用。公司治理水平的提高能够有效地降低该类企业管理层利用社会责任报告进行自利性印象管理的行为，该结论为提高该类企业公司治理水平提供了一定的经验证据。同时也进一步验证了假设 2 提出的公司治理水平对修辞语言运用有偏性的抑制。

2. 不同社会责任履行特征的估计分析

尽管印象管理行为在社会责任报告中普遍存在，但在不同的社会责任履行状况下，管理层进行有偏修辞语言运用的动机及有偏程度有所差异。张正勇 等（2018）指出高管可以利用社会责任报告这一"软"信息披露载体进行披露形式的操纵，具体表现为社会责任表现好时，使用浅显易懂的描述传递积极信号；反之，社会责任表现差时高管倾向于隐瞒坏消息，或者使用模糊化语言来增加阅读理解的难度。Wang et al.(2018)实证检验了社会责任履行状况与社会责任报告的易读性存在显著的正相关关系，且该相关性主要由社会绩效导致。在不同社会责任履行特征下，管理者在社会责任报告中进行有偏语言运用的动机及有偏的程度均有所不同。基于此，本章对不同的社会责任履行状况下修辞语言运用的特征及其影响因素进行了分样本检验，结果如表 4-16 所示。

表 4-16 不同社会责任履行特征的估计结果

变量	社会责任履行较好			社会责任履行较差		
	(1)	(2)	(3)	(4)	(5)	(6)
	$strength$	$optimism$	$certainty$	$strength$	$optimism$	$certainty$
egi	-0.193***	-0.037***	0.045	-0.284***	-0.038***	0.142***
	(-5.70)	(-5.03)	(0.72)	(-10.96)	(-2.81)	(2.73)

续 表

变量	社会责任履行较好			社会责任履行较差		
	(1)	(2)	(3)	(4)	(5)	(6)
	strength	*optimism*	*certainty*	*strength*	*optimism*	*certainty*
rcsr	−0.004***	−0.001***	0.007***	−0.008***	−0.002***	0.007***
	(−4.50)	(−2.86)	(9.06)	(−6.59)	(−11.22)	(6.66)
控制变量效应	YES	YES	YES	YES	YES	YES
Hausman	0.035	0.033	0.006	0.032	0.071	0.029
样本量	856	776	769	1 219	861	979
经验 P 值	0.013***	0.014***	0.074***	0.013***	0.014***	0.074***

注：*、**、*** 分别表示在 10%、5% 和 1% 的统计水平上显著。小括号内为 t 值或 z 值。本章使用聚类稳健性标准差，cluster 为企业层面。经验 P 值经过基于 SUR 模型的检验得到，P 值显著说明组间系数存在显著差异性。

在社会责任履行较好和较差两组，rcsr 与修辞语言的 *strength* 和 *optimism* 系数显著负相关，与 *certainty* 系数显著正相关，表明无论在哪种社会责任履行状况下，管理者进行有偏的修辞语言运用的现象均普遍存在。但社会责任履行较差组的系数绝对值显著高于社会责任较高组，且三个指标的经验 P 值均在 1% 的置信水平上显著，表明社会责任履行较差的情况下，该有偏性更加严重。egi 与 *strength* 和 *optimism* 的系数也显著为负，与 *certainty* 的系数在社会责任履行较好组为正值，但不显著，在社会责任履行较差组显著为正。即较高的公司治理水平能够有效帮助企业降低社会责任报告中的语气强度和乐观性，对确定性也有一定的提升，在社会责任履行较差的情况下，该作用更为显著。这一结果与基准回归结果相一致。

3. 不同披露动机的估计分析

自 2008 年 12 月证券交易所强制要求深市 100 指数板块、沪市公司治理板块、沪市海外交叉上市和沪市金融行业板块的上市公司发布社会责任报告，同时鼓励其他公司进行自愿披露以来，我国上市公司社会责任信息披露形式就由纯粹的自愿披露转向自愿与强制相结合的"二元化态势"。在不同的披露形式下，管理层影响社会责任报告披露质量的动机可能并不一致。社会责任信息自愿披露是公司管理层与其他利益相关者之间博弈所产生的内生决策,管理层自利性动机更为强烈。根据自利主义观点,自愿披露的公司会有选择性地报告正面信息,隐瞒负面信息(何进日 等,2006),通过"报喜不报忧"的方式转移投资者的注意力,掩饰较低的社会责任表现。

从表 4-17 来看,在不同的披露形式下,$rcsr$ 与 $strength$、$optimism$ 和 $certainty$ 指标均显著,方向与全样本一致,且自愿披露公司的三个修辞语言指标更为显著,相关性更强。这一结果验证了自利主义的观点,说明自愿披露的公司具有更强的修饰语言运用动机,更倾向于使用更乐观、强度更大的语言来强调良好的社会责任信息、塑造正面的企业形象,使用更加模棱两可的语言来掩盖企业在社会责任表现方面的不足,以弱化较差的社会责任表现对企业声誉的负面影响。

表 4-17 企业社会责任信息修饰性基准估计结果(面板固定效应估计)

变量	强制披露			自愿披露		
	(1)	(2)	(3)	(4)	(5)	(6)
	$strength$	$optimism$	$certainty$	$strength$	$optimism$	$certainty$
egi	−0.235***	−0.045***	0.013***	−0.354***	−0.047*	0.018***
	(−30.29)	(3.26)	(4.34)	(−8.25)	(−1.76)	(6.67)
$rcsr$	−0.006***	−0.001*	0.006***	−0.008***	−0.001***	0.008***
	(−3.05)	(−1.74)	(10.27)	(−12.03)	(−3.56)	(6.86)
控制变量效应	YES	YES	YES	YES	YES	YES
Hausman	0.051	0.026	0.016	0.032	0.031	0.049
样本量	835	668	713	1 240	969	1 035
经验 P 值	0.001**	0.003*	0.001**	0.001**	0.003*	0.001**

注:*、**、*** 分别表示在 10%、5% 和 1% 的统计水平上显著。小括号内为 t 值或 z 值。本章使用聚类稳健性标准差,cluster 为企业层面。经验 P 值经过基于 SUR 模型的检验得到,P 值显著说明组间系数存在显著差异性。

从公司治理机制的约束来看,良好的公司治理在一定程度上提高了社会责任信息披露水平,抑制了管理层的修饰性操纵行为。其中,自愿披露公司的 egi 与 $strength$ 和 $certainty$ 指标系数绝对值均大于强制披露公司(经验 P 值分别为 0.001**、0.003*、0.001**,均在统计上显著),表明公司治理对语气强度、确定性修饰语言的抑制作用在自愿披露公司中体现得更为明显。原因在于自愿披露的公司有更强的自利性动机,自愿披露公司如果加强内部公司治理会显著提高报告可信度,减少修饰语言操纵的自利行为。

4. 不同所有制特征的估计分析

企业不同的所有制性质在资金支持、公司治理、公司特征、政府关系方面各不相同,管理层受到的激励和约束机制也存在较大的差异,因而可能会在披露的修辞语言运用方面呈现出显著的差异性。具体的回归结果如表 4-18 所示。在国有企业,$rcsr$ 与 $strength$ 和 $certainty$ 的系数在 1% 的水平上显著,与 $optimism$ 的系数虽为正,但不显著。在非国有企业,$rcsr$ 与 $strength$、$optimism$ 和 $certainty$ 的系数均在 1% 的水平上显著,且其绝对值均大于国有企业,该结果表明在非国有企业,社会责任报告中修辞语言运用的有偏性更强。

究其原因,一方面,国有企业在履行社会责任的过程中会受到更大程度的政府监管和约束(吉利 等,2016);另一方面,由于国有企业拥有的政府隐性担保,国有企业在融资和经营等方面都具有较大的优势,对社会责任报告进行印象管理的动机不强(张正勇 等,2017a)。因此,非国有企业管理层在社会责任报告中修辞语言运用与实际社会责任表现的不一致,更应受到利益相关方的重视。

在公司治理机制的约束方面,因为国有企业面临更加复杂的委托代理问题,公司治理机制发挥效应的内部经营机制和外部市场机制相较于民营企业更加受到限制(韩少真 等,2015)。从表 4-18 结果来看,国有企业的 egi 与 $strength$ 系数在 10% 的水平上显著为正,与 $certainty$ 的系数显著为负,表明国有企业的有效公司治理水平能够降低社会责任报告中的语气强度并提高语言确定性,但尚无证据表明公司治理能够对社会责任报告中的乐观性起显著作用。在非国有企业,egi 与 $strength$ 和 $optimism$ 显著负相关,与 $certainty$ 显著正相关,且其系数绝对值均大于在国有企业中的数值。经验 P 值结果也表明三个指标在国有和非国有企业间的 egi 系数存在显著差异。由此可见,公司治理机制对管理层有偏修辞语言运用行为在非国有企业更能够发挥抑制作用。

表 4-18　不同所有制特征的估计结果

变量	国有企业			非国有企业		
	(1)	(2)	(3)	(4)	(5)	(6)
	strength	*optimism*	*certainty*	*strength*	*optimism*	*certainty*
egi	−0.138*	0.010	0.003*	−0.274***	−0.054*	0.085***
	(−1.74)	(0.75)	(1.77)	(−10.24)	(−1.78)	(32.05)
rcsr	−0.007***	−0.001	0.007***	−0.007**	−0.001***	0.007***
	(−5.53)	(−0.94)	(6.94)	(−2.43)	(−7.04)	(10.95)
控制变量效应	YES	YES	YES	YES	YES	YES
Hausman	0.035	0.076	0.061	0.022	0.014	0.011
样本量	1 121	837	964	954	800	784
经验 P 值	0.003***	0.002***	0.002***	0.003***	0.002***	0.002***

注：*、**、*** 分别表示在 10%、5% 和 1% 的统计水平上显著。小括号内为 t 值或 z 值。本章使用聚类稳健性标准差，cluster 为企业层面。经验 P 值经过基于 SUR 模型的检验得到，P 值显著说明组间系数存在显著差异性。

4.6.2　利益相关者与社会责任报告修辞语言

1. 区分行业性质的回归结果分析

由于与非重污染行业相比，重污染行业中的企业往往会产生更多的社会责任负面影响，社会公众对这两类企业的关注度也不尽相同，表 4-19 列示了是否属于重污染行业的分样本回归检验结果。第 (1)—(4) 列显示内外部利益相关者压力不会对于非污染企业的印象管理行为产生显著影响，这可能是由于非污染企业负面消息较少，并不需要通过操纵语言、营造形象的方式缓解与利益相关者的冲突。而在重污染行业中，外部利益相关者压力与内部压力分别会促进与抑制企业通过更大强度的语言实施印象管理行为，与全样本回归结果具有一致性。这也进一步印证了张秀敏 等 (2016) 通过简单 t 检验得出的重污染行业存在利用语义操控进行印象管理的结论。

值得注意的是,外部利益相关者压力与确定性指标在重污染行业样本中显著负相关,这与全样本回归结果相悖,推测是由于重污染行业企业负面消息较多,当语言表达方式过于确定时可能反而会放大负面影响,进一步激起外部利益相关者的不满,因此重污染企业会减少高度确定的语言修饰方式。

表4-19 污染行业与非污染行业分样本回归

变量	非污染行业				重污染行业			
	(1)	(2)	(3)	(4)	(5)	(6)	(7)	(8)
	strength	certainty	strength	certainty	strength	certainty	strength	certainty
outside	−0.063	0.002			1.503**	−0.036*		
	(−0.23)	(0.26)			(2.49)	(−1.93)		
inside			0.255	−0.024			−3.098*	−0.027
			(0.26)	(−0.74)			(−1.69)	(−0.50)
roa	3.888	−0.284	10.270	−0.405	−1.686	0.174	1.389	0.197
	(0.58)	(−1.29)	(1.23)	(−1.48)	(−0.16)	(0.59)	(0.12)	(0.60)
roe	−3.406	0.131	−9.146**	0.299**	2.011	−0.021	5.837	0.002
	(−1.31)	(1.52)	(−2.26)	(2.24)	(0.43)	(−0.16)	(1.02)	(0.01)
soe	−0.822	−0.028	−0.848	−0.027	−0.106	−0.039	0.091	−0.041
	(−1.24)	(−1.34)	(−1.29)	(−1.26)	(−0.14)	(−1.50)	(0.12)	(−1.59)
board	−0.320**	0.003	−0.299**	0.002	−0.162	0.008	−0.163	0.008
	(−2.14)	(0.55)	(−2.00)	(0.49)	(−0.87)	(1.32)	(−0.88)	(1.33)
idr	−4.865	−0.117	−4.615	−0.111	−3.470	0.219	−2.791	0.205
	(−1.12)	(−0.82)	(−1.06)	(−0.78)	(−0.64)	(1.34)	(−0.52)	(1.25)
dua	0.288	−0.011	0.302	−0.013	−0.105	−0.030	−0.157	−0.030
	(0.45)	(−0.53)	(0.47)	(−0.60)	(−0.13)	(−1.21)	(−0.19)	(−1.18)

续　表

变　量	非污染行业				重污染行业			
	(1)	(2)	(3)	(4)	(5)	(6)	(7)	(8)
	strength	*certainty*	*strength*	*certainty*	*strength*	*certainty*	*strength*	*certainty*
tobinq	−0.017	0.004	−0.030	0.004	0.266	0.008	0.192	0.008
	(−0.12)	(0.94)	(−0.21)	(0.94)	(1.21)	(1.25)	(0.86)	(1.17)
top10	0.007	−0.001	0.007	−0.001	−0.009	0.001	0.000	0.001
	(0.42)	(−1.03)	(0.42)	(−1.05)	(−0.41)	(0.79)	(−0.02)	(0.62)
常　量	9.676***	1.396***	9.515***	1.395***	6.339*	1.199***	7.454**	1.180***
	(3.68)	(16.35)	(3.62)	(16.32)	(1.92)	(11.55)	(2.28)	(11.36)
样本量	1 733	1 733	1 726	1 726	1 281	1 281	1 280	1 280
R^2	0.004	0.004	0.005	0.005	0.025	0.006	0.005	0.006
组间差异	显著	显著	显著	不显著	显著	显著	显著	不显著

注：*、**、***分别表示在10％、5％和1％的统计水平上显著。小括号内为 t 值或 z 值。本章使用聚类稳健性标准差，cluster为企业层面。经验 P 值经过基于SUR模型的检验得到，P 值显著说明组间系数存在显著差异性。

2. 区分产权性质回归结果分析

在社会主义市场经济体制下，国有企业和民营企业面临着不同的政策生存环境，根据国务国资委要求，国有企业需要发挥履行社会责任的带头作用。相较于民营企业，国有企业的社会责任履行情况会受到更多关注并被寄予更高期望。表4-20列示了我们按照产权性质进行的分样本回归结果，可以发现利益相关者压力影响国有企业语言修饰行为的途径相对更多，推测是因为当国有企业被寄予更高期望时，利益相关者压力导致国有企业更需要向其塑造良好的企业形象并更加严苛地遵守政府对其承担社会责任的高要求，因而国有企业有可能采用语言修饰的方式弥补实际社会责任履行情况的缺陷。具体来看，外部利益相关者压力较大时，民营企业会采用更为确定的语言表达方式，而国有企业会采用更强烈的语气语调；内部利益相关者压力较大时，国有企业运用确定性语言表达传递良好信号的行为会被抑制。

表 4-20 民营企业与国有企业分样本回归

变量	民营企业				国营企业			
	(1)	(2)	(3)	(4)	(5)	(6)	(7)	(8)
	strength	certainty	strength	certainty	strength	certainty	strength	certainty
outside	0.303	0.047**			1.900***	0.002		
	(0.52)	(2.57)			(3.00)	(0.12)		
inside			−2.325	−0.064			−0.287	−0.068**
			(−0.74)	(−0.65)			(−0.25)	(−1.98)
roa	14.040	0.085	16.530	0.200	9.569	−0.388	14.710	−0.315
	(0.84)	(0.16)	(0.97)	(0.38)	(0.94)	(−1.28)	(1.23)	(−0.89)
roe	−7.181	0.022	−5.661	0.056	−1.845	0.171	−2.993	0.272*
	(−0.76)	(0.08)	(−0.59)	(0.19)	(−0.51)	(1.59)	(−0.61)	(1.89)
board	−0.569*	−0.017*	−0.559*	−0.016	−0.523**	0.006	−0.478*	0.005
	(−1.77)	(−1.68)	(−1.74)	(−1.60)	(−2.04)	(0.73)	(−1.85)	(0.60)
idr	0.174	0.173	−0.565	0.124	−11.300*	0.120	−10.200*	0.116
	(0.02)	(0.63)	(−0.06)	(0.45)	(−1.87)	(0.67)	(−1.68)	(0.65)
dua	2.412**	−0.013	2.383**	−0.013	−0.783	−0.018	−0.911	−0.019
	(2.02)	(−0.35)	(1.99)	(−0.33)	(−0.78)	(−0.60)	(−0.90)	(−0.65)
tobinq	−0.186	0.015*	−0.202	0.014	0.249	0.012	0.228	0.011
	(−0.69)	(1.76)	(−0.75)	(1.61)	(0.76)	(1.27)	(0.69)	(1.08)
top10	−0.020	−0.001	−0.018	−0.001	0.080*	−0.001	0.084**	−0.001
	(−0.45)	(−0.53)	(−0.39)	(−0.60)	(1.95)	(−0.76)	(2.04)	(−0.66)
常量	11.550*	1.448***	12.190*	1.515***	5.733	1.246***	6.800	1.257***
	(1.81)	(7.31)	(1.92)	(7.67)	(1.09)	(7.96)	(1.28)	(8.03)

续 表

变量	民 营 企 业				国 营 企 业			
	(1)	(2)	(3)	(4)	(5)	(6)	(7)	(8)
	strength	certainty	strength	certainty	strength	certainty	strength	certainty
样本量	1 037	1 037	1 037	1 037	1 792	1 792	1 786	1 786
R^2	0.024	0.040	0.025	0.033	0.021	0.008	0.015	0.010
组间差异	不显著	不显著	不显著	不显著	不显著	不显著	不显著	不显著

注：*、**、***分别表示在10%、5%和1%的统计水平上显著。小括号内为 t 值或 z 值。本章使用聚类稳健性标准差，cluster 为企业层面。经验 P 值经过基于 SUR 模型的检验得到，P 值显著说明组间系数存在显著差异性。

3. 区分利润总额回归结果分析

年度利润是企业重要的财务表现之一，往往与企业的社会责任报告同步披露。企业的社会责任信息在一定程度上对于未来财务表现起到预示作用（黄艺翔 等，2016），因此当财务表现较差时，企业很有可能通过对社会责任报告进行印象管理来预示未来财务业绩的增长。本章将年利润总额超过全样本中位数的企业划分为利润较高组，其余为利润较低组，分样本回归结果如表 4-21 所示。

从外部来看，利益相关者压力会导致低利润组企业采取更多的印象管理手段。具体来说，当利润较低时，企业会采用加强语气的方式进行印象管理，通过"浮夸"社会责任表现来转移外部利益相关者对当前较低利润的关注；当利润较高时，外部压力与社会责任报告语气强度不存在显著的关系，但企业仍会采用加强语气的方式，推测是因为当前社会责任表现已成为社会重要议题，即使利润表现较好，企业也仍然需要塑造积极履行社会责任的良好形象。从内部来看，利益相关者压力对于社会责任报告语气强度的操控行为不存在显著作用，这与全样本回归结果一致；当利润较高时，内部压力会抑制企业提高语言表达强度的印象管理行为，推测是因为较高的利润额意味着内部利益相关者与企业可能存在更强的利益联结，促使其更为关注企业的经营状况而掌握更多的内部信息，导致企业难以通过语气操控顺利实现对社会责任表现的修饰。

表 4-21 不同利润总额企业分样本回归

变量	利润较高				利润较低			
	(1)	(2)	(3)	(4)	(5)	(6)	(7)	(8)
	strength	certainty	strength	certainty	strength	certainty	strength	certainty
outside	0.397	0.037*			1.305**	0.029*		
	(0.64)	(1.78)			(2.13)	(1.72)		
inside			−0.968	−0.119*			−1.297	−0.025
			(−0.50)	(−1.86)			(−0.56)	(−0.40)
roa	38.840***	−0.202	40.620***	0.014	−1.377	−0.349	0.167	−0.306
	(2.78)	(−0.43)	(2.83)	(0.03)	(−0.13)	(−1.17)	(0.01)	(−0.80)
roe	−12.780*	0.141	−12.230*	0.209	0.149	0.095	1.345	0.161
	(−1.87)	(0.62)	(−1.76)	(0.90)	(0.04)	(0.94)	(0.22)	(0.94)
board	−0.477**	0.002	−0.466**	0.003	−0.608	−0.010	−0.568	−0.011
	(−2.14)	(0.24)	(−2.10)	(0.39)	(−1.61)	(−0.99)	(−1.47)	(−1.00)
idr	−13.280**	0.333*	−13.310**	0.321*	−5.098	−0.193	−5.480	−0.218
	(−2.32)	(1.75)	(−2.32)	(1.68)	(−0.57)	(−0.80)	(−0.61)	(−0.89)
dua	−1.458	−0.053*	−1.458	−0.053*	1.803	0.047	1.841	0.046
	(−1.60)	(−1.75)	(−1.60)	(−1.75)	(1.53)	(1.47)	(1.53)	(1.39)
tobinq	0.043	0.006	0.026	0.004	−0.118	0.024***	−0.134	0.022***
	(0.13)	(0.53)	(0.08)	(0.31)	(−0.40)	(2.92)	(−0.45)	(2.69)
top10	0.046	0.005***	0.048	0.005***	0.018	−0.002*	0.021	−0.002
	(1.17)	(3.59)	(1.22)	(3.77)	(0.41)	(−1.68)	(0.47)	(−1.55)
常量	9.988**	0.900***	10.380**	0.939***	11.170	1.501***	11.740	1.528***
	(2.11)	(5.72)	(2.21)	(5.99)	(1.56)	(7.69)	(1.62)	(7.75)

续 表

变量	利润较高				利润较低			
	(1)	(2)	(3)	(4)	(5)	(6)	(7)	(8)
	strength	*certainty*	*strength*	*certainty*	*strength*	*certainty*	*strength*	*certainty*
样本量	1 506	1 506	1 506	1 506	1 508	1 508	1 500	1 500
R^2	0.027	0.028	0.027	0.029	0.014	0.020	0.010	0.016
组间差异	不显著	不显著	显著	不显著	不显著	不显著	显著	不显著

注：*、**、*** 分别表示在 10%、5% 和 1% 的统计水平上显著。小括号内为 t 值或 z 值。本章使用聚类稳健性标准差，cluster 为企业层面。经验 P 值经过基于 SUR 模型的检验得到，P 值显著说明组间系数存在显著差异性。

4.7 结论与讨论

社会责任信息披露是企业对于利益相关者压力的回应，但由于受到管理层有意进行的语言信息修饰操控，其真实可靠性难以得到保证，容易误导利益相关者的判断决策。修饰语言的运用虽然是较为含蓄的印象管理行为，但在语言弹性空间较大的社会责任报告中能够起到显著的操控作用。本章首先选取 2009—2014 年间沪深两市披露社会责任报告的全部 A 股上市公司作为样本，探析了社会责任信息披露中修辞语言的运用特征及其影响因素。其次基于 2009—2018 年的 A 股上市企业所发布的社会责任报告，从利益相关者压力这一全新视角切入，并引入分析师跟踪作为中介变量，探析两者对于企业社会责任信息披露中印象管理行为的作用机理。

本章得出的主要结论如下：① 管理层通过有偏地使用社会责任报告中的修辞语言，强调好消息，隐匿模糊坏消息，并利用语言的固有特征将这种有偏的倾向性传递给其他利益相关者。进一步检验后发现：披露动机方面，自愿披露下管理层的自利性动机更强，修辞语言的有偏性运用也更显著；产权性质方面，国有企业在内外双重强监管压力及本身所具有资源优势的双重作用下，有偏应用修辞语言的动机大大降低。② 从管理层自利行为的监督约束角度分析，合理的公司治理结构会对社会责任报告披露中的修辞语言的有偏性产生一定的制约作用。这种治理效果在社会责任履行状况较差的企业和基于自愿披露动机下的企业中更优,在非国有企业也更能够显现出治理的优越性。③ 公司治理水平的提升一方面直接通过监督抑制了管理层的自利行为;另一方面,由于公司治理水平的提升对企业绩效的提高有显著的正向影响,财务绩效的提升又间接降低了管理者利用社会责任报告语言粉饰的动机,进而降低修辞语言的有偏性。财务绩效在公司治理水平与修辞语言的关系之间起到部分中介作用。④ 我国社会责任报告中普遍存在通过运用语言修饰进行印象管理的现象,企业社会责任表现与社会责任报告中的语气强度显著负相关,社会责任表现越差的企业越倾向于运用高强度语气强调正面消息、掩盖负面消息。⑤ 外部利益相关者带来的压力反而会促使企业通过更强的语气与更确定的表达向外界传递积极信号、实现印象管理,内部利益相关者的压力则会抑制企业修饰性语言中确定性这一维度的运用。⑥ 分析师凭借专业素养与实践经验能够抑制企业社会责任报告印象管理行为,内外部利益相关者的压力会提高分析师对企业的关注度,进而形成对印象管理行为的抑制作用。同时较其他企业而言,重污染企业和国有企业更倾向于运用修饰语言进行印象管理。

第5章
呈现形式

5.1 引言

当下学界对文本信息的关注程度不断提升,大部分学者侧重从语言运用状况和文本结构特征等语义分析维度展开研究。然而,已有的印象管理研究大多仅从单一语义分析维度展开,对于文本中色彩、图片、表格、图形等纯粹外观形式的研究十分有限。受制于信息形式数据获取手段,既往的少量外观研究更多集中于营销、设计、人力资源等领域,采用小样本案例、描述性统计或实验的方法,难以得出普适性结论,关于会计信息外观形式方面的研究尚处于起步阶段,对其内涵和外延缺乏清晰的界定和充分的探讨。

有关财务信息操纵的研究发现,不同财务信息操纵手段之间存在替代效应,当基于应计的盈余管理手段受到限制时,这一手段并不会"孤掌难鸣",管理层往往会通过增强真实盈余管理(Zang,2012;李春涛 等,2016;Ng et al.,2021)等手段切换数字操纵的手法。除了各种数字操纵手段之间存在的"替代效应",盈余管理与其他信息操纵手段之间还存在"协同效应"。已有研究论证了数字信息操纵与文本信息操纵并非独立运用,文本信息复杂性操纵(Rennekamp,2012;Lo et al.,2017;Ng et al.,2021)、文本语调操纵(王华杰 等,2018),对应计操纵均存在辅助作用。当公司通过操纵应计实现盈余增长时,管理层往往会通过操纵文本信息以掩盖该盈余管理行为。年报中除大量的数字和文字,还包括文本形式特征、图片、图形、表格和颜色等内容。图表、颜色等外观呈现形式可以对企业财务状况加以强化补充说明(Benbasat et al.,1986;Courtis,2004),帮助信息使用者更好地收集、整理和处理信息,进而提高决策效率。然而,这些外观形式同时也可能通过注意力指引(Courtis,2004)及态度传递实现潜层信息传递,从而操纵信息使用者对企业状况的看法(Beattie et al.,2002)。那么,年报外观呈现形式是否同样会对企业的应计操纵起到辅助协同效应?

此外,信息质量差异是股票流动性的重要制约因素(Amihud et al.,1986;魏明海 等,2011)。提高企业会计信息披露的质量能够降低市场信息不对称程度,增强投资者的交易信心,吸引更多的投资者参与交易从而提高股票流动性(蔡传里 等,2010;王春峰 等,2012)。但是现有研究在考察企业信息披露质量与股票流动性关系时,大多基于传统的财务数据信息,侧重从会计信息内容的视角考察,忽视信息外观形式对股票流动性的影响。年报作为企业信息披露的重要载体,其信息披露外观形式的改善能否降低信息不对称程度,从而提高企业股票流动性,其作用机制又是如何?

本章试图解决以下基本问题：第一,年报外观呈现形式是否会对企业应计操纵产生协同辅助效应,其作用机制与文本信息相比又有何不同?第二,年报信息披露外观形式会对股票流动性产生什么作用效果?

5.2　理论分析与研究假设

5.2.1　企业的应计操纵与年报呈现形式

在两类盈余操纵手段中,真实的盈余管理通过改变经营、投资或融资交易的时间或结构来实现,并产生次优的经济结果,而应计的盈余管理是通过改变在财务报表中呈现特定交易时使用的会计方法或估计来实现。后者对报表使用者的利益损害更大,也因此得到了更多的关注,本章也将目光聚焦于应计的盈余管理。年报外观呈现形式作为年报里的又一重要组成部分,提升信息传递效率的同时亦可作为管理层的信息操纵手段,从而配合其开展应计操纵行为,降低企业粉饰财务数据行为被发现的可能性。

一方面,较多的图表及颜色运用会使被粉饰的数据更加真实,并转移信息使用者的注意力。应计操纵后得到的经营状况往往与企业真实情况存在较大差异,管理层需要在调整财务数据的同时使其更加真实,并尽量不被信息使用者发现。他们可以选择运用图表进一步描述数据情况,在提升数据信息传递效率的同时(Benbasat et al.,1986),也可以从感官上提升准确性(MacKay et al.,

1987；Vessey，1991），还可以配合颜色的运用提升说服力(Courtis，2004)。与此同时，管理层可以通过运用图表及颜色的注意力指引功能，将信息使用者的关注点转移到图表及颜色所着重强调之处，为盈余操纵行为提供"掩体"。在此，笔者认为在应计操纵行为下可能伴随着图表及颜色运用比例的上升。

另一方面，较长的年报篇幅可以提供更多其他信息，降低数据粉饰行为被发现的可能性。首先，中文报告篇幅与信息传递详细程度正相关，而信息的详细程度会令使用者更容易理解该部分内容(吉利 等，2016)。对于盈余信息虽然不能省略，但管理层在年报中对于不同类别的信息往往可以采取"有详有略"的披露策略，通过增大年报篇幅用以详细阐明其他类别信息，从理解难度上吸引信息使用者的关注。其次，在目前相关监管规则的指引下，企业年报的平均篇幅日趋增加，管理层若为了掩盖"操纵"行为而压缩年报篇幅，必然会在与其他企业相比较之下凸显出来，从而受到信息使用者的怀疑。最后，除文本内容外，年报中还包括大面积的图表，管理层若通过图表以操纵信息使用者想法，则势必会增加年报的整体篇幅。因此，本章认为在应计操纵行为下可能伴随年报文本及整体篇幅的上升。

综上所述，本章认为管理层很有可能通过操纵年报的外观呈现形式辅助并隐瞒其应计操纵行为，以期减少阅读者深入追究企业应计利润的时间并降低其被发现的概率。据此提出以下假设。

假设 1：企业的应计操纵和年报外观呈现形式操纵存在协同辅助效应，即企业应计操纵行为会促进年报外观呈现形式的操纵。

5.2.2 盈余管理约束的调节作用

在应计操纵的相关研究中，Lo et al.(2017)、王华杰 等(2018)考察了应计的盈余操纵对文本负债程度、语气等披露策略的影响，本章第一个假设的提出与这些研究的路径相似，均遵循"应计操纵—其他信息操纵手段配合"这一基本思路。虽然年报文本内容与外观呈现形式均可能被管理层所操纵，但两者的作用机制存在一定差异。应计操纵在一定程度上受到盈余约束的钳制。所有利润表项目的成果最终会反映在资产负债表中，公司往期通过操纵应计虚增的盈余也会反映在其净经营资产中，故净经营资产比例越大，公司面临的盈余管理约束越大，从而加大了管理层操纵应计利润的压力(Das et al.，2011)。年报中的文本虽多用来说明企业经营状况，但其内容多为定性描述，在不涉及经营数据的情况下，也可以给管理层较大的可操纵空间，所以当实施应计盈余管理空间受限时，管层也可以通过调整文本语气以实现操纵信息使用者的目的(王华杰 等,2018)。而对于年报中的外观呈现形式,其中大部分图表均取数于经营数据,当企业盈余操纵受限时,经营数据本身被修饰的可能性降低,管理层在此数据基础上进行外观呈现的形式则会受到制约,使得年报外观呈现形式操纵与应计操纵的配合效应减弱。据此提出以下假设。

假设 2:盈余管理约束对企业应计操纵和年报外观呈现形式间的相关关系存在调节效应,即盈余管理约束会减弱两者的协同辅助效应。

5.2.3 年报信息形式质量与股票流动性

会计信息是决策者进行投资决策时重要的参考依据,而信息形式的文本特征和呈现形式,作为信息内容本身的重要组成部分,已经占据了公司报告的绝大部分比例,其内涵更加丰富,形式更具有多样性。根据学者维西于1991年提出的认知适配理论及随后发展而来的具象相合理论,当任务类型与信息形式相匹配时能够减少其认知努力,减少决策时间,提高决策的准确性。只有当企业所披露的信息内容依托于高质量的形式时,其才能清晰准确地传达给相关使用者,提高决策的准确性和有效性(葛家澍 等,2011;Rennekamp,2012)。

企业信息披露通过影响信息不对称程度来影响投资者交易意愿,从而影响股票流动性。Heflin et al.(2000)发现,信息披露质量高的公司其股票流动性也较强,具体表现在公司信息披露质量越高,买卖价差越低;提高信息透明度可以降低信息不对称水平,减少信息使用者的信息处理成本,从而提高股票流动性(蔡传里 等,2010);盈余质量较差的企业其股票也呈现出较低的流动性(韩国文 等,2012)。除了企业出于自利动机未充分披露真实可靠的会计信息,如果企业使用了不恰当的披露形式,使得所披露的会计信息无法被市场投资者准确地解读和运用,同样也会导致信息不对称,从而影响股票流动性。

根据有效市场假说,资本市场投资者会对企业披露的信息产生一定程度的反应。当企业所披露年报的形式质量较高时,披露了更为详尽的信息、采用更为简洁的表达,同时运用封面色彩和表格进行多样化的信息呈现时,会降低投资者信息处理过程中的难度,加深对企业的印象,企业会更容易获得投资者的认可。根据投资者认知假设(investor recognition hypothesis),企业外部的投资者会倾向于投资他们更为熟悉的企业。因而当企业年报信息外观形式质量较高时,会吸引投资者参与其股票交易,从而提高企业股票的流动性。根据以上分析,本章提出以下假设。

假设 3：年报信息形式质量与股票流动性呈正相关关系，形式质量越好，企业股票流动性越强。

5.2.4　年报信息形式质量、分析师关注与股票流动性

在信息不对称的市场环境中，分析师充当了信息挖掘者、解读者和传播者的角色。他们通过专业知识积累以及信息获取的优势，基于良好的职业操守、独立的立场，对企业长期跟踪，并对企业披露的各种报告进行分析和解读，将企业报告中的各类信息加工整理形成研究报告，帮助投资者更为迅速和准确地了解企业，提高投资者对企业认知的效率和准确性。

关于分析师的追踪倾向，Lobo et al.(2012)发现分析师更需要去追踪会计信息质量差的企业。对于信息质量较差的企业，市场投资者会提高对分析师的需求，分析师预测报告成为较差会计信息的一种补充。但是面对复杂和不确定的企业信息，分析师预测的准确性会降低，不同分析师之间的预测差异增大(Lehavy et al.，2011)，分析师就可能需要多次修正其发布的预测报告，纠正其预测偏差。根据声誉理论，市场中分析师的声誉本质上是建立在其信息挖掘和处理质量的基础上的，当分析师所发布的研究报告质量较高时会受到市场的普遍认可，而受市场认可度较高的分析师则会获得超额收益(汪弘 等，2013)。出于自身职业声誉和收益角度的考虑，分析师自身会更倾向于追踪信息披露质量较高的企业。如 Lang et al.(1996)发现，分析师更容易注意那些信息披露质量高、信息齐全、内容完善的企业。国内学者如李丹蒙(2007)、方军雄(2007)和白晓宇(2009)同样发现，信息披露透明度越高的企业会受到越多的分析师追踪。

分析师作为证券市场上的信息中介，其对企业的关注能够为市场提供该企业的增量信息(俞静 等，2018)。根据委托代理理论，分析师还可以发挥外部监督职能，能够有效降低代理问题，提高信息透明度，有助于投资者做出合理决策(Jensen et al.，1976)；赵玉洁(2013)发现在我国证券市场上，分析师跟进能发挥外部监督作用，抑制企业的盈余管理行为，降低企业与投资者之间的信息不对称水平。关于分析师关注度与股票流动性的关系，有学者认为由于分析师不仅会考虑市场中已有的公开信息，还会在分析中融入一些其通过身份优势挖掘到的私有信息、内幕消息等，分析师的存在能有效减少信息差距，增强股票流动性。还有学者同样发现分析师追踪数量增加会改善市场的流动性，因为分析师可以

向市场提供信息,降低投资者逆向选择的成本,分析师追踪越多的企业,其股票流动性也越高。陈辉 等(2013)后续相关研究同样证实了分析师追踪与股票流动性之间的正相关关系。因此,受声誉机制的影响,分析师会更倾向于对年报信息形式质量较高的企业进行追踪,增加市场上关于该企业的信息,降低信息不对称和逆向选择程度,从而提高股票流动性。基于以上分析,本章提出如下假设。

假设4:分析师关注在年报信息形式质量与股票流动性关系中起到中介作用。

5.3 研究设计

5.3.1 企业应计操纵与年报呈现形式

1. 数据来源与样本选择

本章以我国 2011—2019 年全部上市公司为样本,被解释变量通过计算机技术提取,解释变量、调节变量和控制变量均从 CSMAR 数据库中获得,并进行了如下的样本处理:剔除公司为 ST 和金融行业的样本;剔除企业年报外观呈现形式指标提取缺失的样本;剔除其他观测值缺失的样本。最终,共得到 14 929 个观测样本。特别的,考虑到计算机提取精度的问题,对表格数量的连续变量提取指标进行了在 5% 和 95% 水平上的缩尾处理;对除表格和色彩模式外的连续变量提取指标均进行了在 1% 和 99% 水平上的缩尾处理。

2. 变量选取

(1)被解释变量:年报外观呈现形式($format_{i,t}$)。随着计算机技术的发展,从企业信息披露中提取文本类和外观类非财务数据并进行计量分析已经变得相对可行(马长峰 等,2020)。

首先,在提取文本特征指标方面,主要用 Python 爬虫技术爬取企业年报的 pdf 文件,并将企业年报由 pdf 格式转换为 txt 格式,利用 Python 统计企业年报 txt 格式的文档大小($filesize$)和原 pdf 文件的年报总页数($page$),并以这两项指标衡量企业年报的文本特征。

其次,在提取外观形式指标方面,利用图像处理技术完成图像预处理、表格提取和图片的分类提取。然后除去表格外的文字信息,通过对水平和竖直坐标的切割完成对表格行数、列数和单元格数的识别和计算。

最后,通过卷积神经网络对图片和图表进行分类提取。据此,可以得到企业年报的色彩模式(color)、表格数量(table)和图像、图表面积占比(graph),并以这三项指标衡量企业年报的外观呈现形式。

在得到所有外观呈现形式指标的原始值后,由于企业年报外观呈现形式内部多项指标量纲差异较大,因此将各项指标按年度和行业标准化后再进行加总,最终得到被解释变量企业年报外观呈现形式(format)。

(2) 解释变量:应计操纵($da_{i,t}$)。本章采用修正的 Jones 模型衡量可操纵应计。根据资产负债表法按年份和行业分别针对以下模型进行回归:

$$\frac{TA_{i,t}}{A_{i,t-1}} = \theta_0 + \theta_1 \frac{1}{A_{i,t-1}} + \theta_2 \frac{\Delta REV_{i,t} - \Delta REC_{i,t}}{A_{i,t-1}} + \theta_3 \frac{PPE_{i,t}}{A_{i,t-1}} + \varepsilon$$

(式 5 - 1)

其中,总应计($TA_{i,t}$)的计算方式为 $TA_{i,t} = \Delta CA_{i,t} - \Delta CL_{i,t} - \Delta Cash_{i,t} - \Delta STD_{i,t} - Dep_{i,t}$。$\Delta CA_{i,t}$ 为当期流动资产变化额;$\Delta CL_{i,t}$ 为当期流动负债变化额;$\Delta Cash_{i,t}$ 为当期货币资金变化额;$\Delta STD_{i,t}$ 为当期短期借款与一年内到期非流动负债变化额;$Dep_{i,t}$ 为当期折旧与摊销额。$A_{i,t-1}$ 为当期期初总资产额;$\Delta REV_{i,t}$ 为当期营业收入变化额;$\Delta REC_{i,t}$ 为当期应收账款变化额;$PPE_{i,t}$ 为当期期末固定资产净额。回归所得残差 ε 为当期应计操纵额($da\_jones_{i,t}$)。

本章参考王华杰 等(2018)的做法,将应计操纵处理为 0-1 变量($da_{i,t}$);若 $da\_jones_{i,t}$ 大于 0 则 $da_{i,t}$ 为 1,否则为 0。

(3) 调节变量:盈余管理约束($noa_{i,t-1}$)。本章参考 Das et al.(2011)的做法,以上期净经营资产占上期总资产的比例衡量当期的应计操纵约束。其经济意义为:若企业上期的净经营资产占比越高,虚增盈余越多,则当期的应计操纵约束越大。

(4) 控制变量。本章参考 Li(2008)等学者的做法,从企业特征、公司治理特征、管理层特征三个方面对相关变量进行了控制,变量定义如表 5-1 所示。

表 5-1 变量定义表

变量类型	变量名称	变 量 定 义
被解释变量	format	企业年报外观呈现形式
解释变量	da	应计操纵,0-1 变量

续表

变量类型	变量名称	变量定义
调节变量	noa	企业当期盈余管理约束,企业上一期净经营资产占上一期总资产比例
控制变量	size	企业职工总人数
	lev	企业当期期末资产负债率
	rem	企业当期真实盈余管理
	ret	企业当期股票收益率
	btm	企业当期期末账面市值比
	top1	企业当期期末第一大股东持股比例
	roa	企业当期资产收益率
	gender	企业当期 CEO 性别,男性为 1、女性为 0
	soe	企业股权性质,国企为 1、其余为 0

3. 模型设计

为了验证企业应计操纵与年报外观呈现形式的协同辅助关系,本章参考王华杰 等(2018)等的做法,基于假设 1 构建式 5-2。若 α_1 显著为正,则证实假设 1,表明企业年报应计操纵与外观呈现形式的使用存在协同辅助效应。同时为缓解公司层面不随时间变化因素对结果的影响,本章在后续各回归模型中控制了行业($industry$)、年度($year$)及公司固定效应。

$$format_{i,t} = \alpha_0 + \alpha_1 da_{i,t} + \alpha_2 size_{i,t} + \alpha_3 lev_{i,t} + \alpha_4 rem_{i,t} + \alpha_5 ret_{i,t}$$
$$+ \alpha_6 btm_{i,t} + \alpha_7 top1_{i,t} + \alpha_8 roa_{i,t} + \alpha_9 gender_{i,t}$$
$$+ \alpha_{10} soe_{i,t} + industry + year + \varepsilon$$

(式 5-2)

为了验证应计操纵约束对两者关系的调节作用,基于假设 2 构建式 5-3。若交互项 β_2 显著为负,则证实假设 2,表明应计操纵约束对两者之间的协同辅助效应存在抑制作用。

$$format_{i,t} = \beta_0 + \beta_1 da_{i,t} + \beta_2 da_{i,t} \times noa_{i,t-1} + \beta_3 noa_{i,t-1}$$
$$+ \beta_4 size_{i,t} + \beta_5 lev_{i,t} + \beta_6 rem_{i,t} + \beta_7 ret_{i,t}$$
$$+ \beta_8 btm_{i,t} + \beta_9 top1_{i,t} + \beta_{10} roa_{i,t} + \beta_{11} gender_{i,t}$$
$$+ \beta_{12} soe_{i,t} + industry + year + \varepsilon$$

(式 5-3)

5.3.2 年报呈现形式与股票流动性

1. 数据来源与样本选择

研究选取 2011—2019 年 A 股上市公司为研究样本,所有年报的原始文件通过巨潮资讯网下载,根据 pdf 引擎获取年报页数数据;通过 Python 爬虫技术,根据图片的 RGB 值实现年报封面颜色的判断;通过新浪财经网站源代码实现年报中表格数量的提取;平均句长数据根据年报中词语数、句子数计算得到。由此获得年报形式质量指标所需页数、封面色彩、平均句长及表格数量数据。实证所需的其他财务数据均来自 CSMAR 数据库、文构文本数据库(WinGo)、万德数据库(WIND)。在此剔除所有金融企业及 ST 企业,在删除 2011—2019 年期间数据缺失的样本后,经筛选整理共得到 16 893 个公司年度观测值。文中的数据统计分析均通过 Excel、Stata 15 软件进行处理,为了消除数据极端值对文章研究结论的影响,对所有的连续变量均进行了 1% 的缩尾处理。

2. 变量选取

1) 被解释变量:股票流动性(Amihud)

衡量股票流动性的指标有多种,本章采用亚科夫·阿米胡德(Yakov Amihud)2002 年提出的非流动性指标。Goyenko et al.(2009)对不同流动性的代理指标进行了测度,发现 Amihud 指标是学者在研究股票流动性时最为常用和认可的指标;张峥 等(2013)考察分析了各种常用流动性指标在中国资本市场的适用性后,发现 Amihud 指标因其综合了市场宽度和深度两个流动性维度,克服了其他指标只能度量流动性单一维度的缺陷,优于其他流动性的衡量指标。本章依据中国资本市场的特点,参考阿米胡德的研究方法,将流动性匮乏指标

ILLIQ 作为股票流动性的衡量方式。该非流动性指标是从价格和交易额维度，将股票一段时间内收益率的绝对值除以交易金额，计算如式(5-4)所示。

$$ILLIQ_{it} = \frac{1}{D_{it}} \sum_{d=1}^{D_{it}} \frac{|R_{idt}|}{V_{idt}} \times 100 \qquad (式5-4)$$

其中，D_{it} 是指股票 i 在第 t 年中的交易天数，$|R_{idt}|$ 是指股票 i 在第 t 年中第 d 天的收益率的绝对值，V_{idt} 指股票 i 在第 t 年中第 d 天的交易金额（单位为百万元），则 $|R_{idt}|$ 与 V_{idt} 则表示单位成交金额所带来的价格冲击。流动性匮乏 ILLIQ 越大，该股票的流动性越低，因为此时交易所带来的价格冲击较大。ILLIQ 是流动性的反向指标，同时由于该指标偏度较大，这里参考 Chen et al.(2019)、杨兴哲 等(2020)等的处理方法，对该指标进行了对数转化和反向化处理，方法如式 5-5 所示。

$$Amihud_{it} = -\ln(1 + ILLIQ_{it}) \qquad (式5-5)$$

2) 解释变量：年报信息形式质量($format$)

结合年报信息形式的内涵，从文本特征和呈现形式两个方面构建外观形式质量指标：文本特征方面包含年报页数和平均句长，其中篇幅衡量的是年报信息披露的详尽程度(罗进辉 等,2020)，而平均句长则代表年报信息的复杂程度(王运陈 等,2020)；信息呈现形式方面，由于年报中表格数量较多，而对于图形、照片等形式运用偏少，且研究发现表格的使用可以对文字所表达的信息做进一步的诠释，使信息更易于理解(林琳 等,2015;吉利 等,2016)；彩色封面能吸引信息阅读者的注意力，加深其对企业的印象，丰富年报披露的外观形式。就此指标选取年报页数 $Page$、平均句长 MUL、年报中表格数量 $Sumtable$、年报是否为彩色封面 $Color$ 作为年报信息外观形式质量衡量的四个分维度。根据已有研究，年报页数、表格数量、彩色封面均为形式质量的正向指标，即年报中页数越多、表格数量越多、使用彩色封面，则信息形式质量越高；而平均句长 MUL 则是形式质量的反向指标，平均句长越长，表明企业运用了越为复杂的文本形式，信息形式质量越低。

对于上述形式质量各维度指标，参考吉利 等(2016)的处理方式，消除不同指标量纲，将各分指标同向化、标准化后加总得到形式质量总指标 $format$，具体处理方式如式 5-6~式 5-9 所示。

对于正向化指标的标准化：

$$page = (Page - \min / \max - \min) \quad (式5-6)$$

$$sumtable = (Sumtable - \min / \max - \min) \quad (式5-7)$$

其中 min、max 分别为页数 $Page$、表格数量 $Sumtable$ 指标的最小值、最大值,由于是否彩色封面 $Color$ 指标本身就是 0-1 变量,因此不做其他处理。

对于反向化指标的标准化:

$$mul = (\max - MUL / \max - \min) \quad (式5-8)$$

在完成各指标的标准化后,将各个维度相加得到年报信息形式质量总指标:

$$format = page + sumtable + Color + mul \quad (式5-9)$$

3) 中介变量:分析师关注(attention)

本章选择年度内分析师对企业进行追踪分析时将所发布的相关研究报告数量作为分析师关注度指标,为了消除数值数量级差异对研究结论的影响,对研报数量加 1 后取自然对数处理,作为分析师关注 $attention$ 的代理变量。这表明所发布的报告数量越多,越有助于实现对上市公司相关信息的传播,从而降低信息不对称水平。

4) 控制变量

为了更好检验上市公司年报信息形式质量与股票流动性的关系,参考王运陈 等(2020)的研究,从企业特征层面、交易层面、公司治理层面同时进行控制。在研究年报形式质量时应同时考虑年报内容和财务数据的影响,由此还对年报文本语调、年报的内容质量进行了控制。此外还控制了行业虚拟变量和年度虚拟变量,具体变量及描述如表 5-2 所示。

表 5-2 变量定义表

变量类型	变量符号	变量描述
被解释变量	$Amihud$	$Amihud = -\ln(1+ILLIQ)$,其中 $ILLIQ$ 为非流动性指标,该数值越大,则股票流动性越强
解释变量	$\ln Page$	年报篇幅(页数)取自然对数
	$\ln MUL$	年报文本平均句长取自然对数,其中平均句长 MUL = 词语数/句子数

续 表

变量类型	变量符号	变量描述
解释变量	ln$Sumtable$	年报中表格数量取自然对数
	$Color$	年报封面颜色,若为彩色封面则该值为1,否则为0
	$format$	$format = page + mul + sumtable + color$,其中 $page$、mul、$sumtable$、$color$ 分别为 $Page$、MUL、$Sumtable$、$Color$ 经同向化、标准化后得到
中介变量	$attention$	分析师关注,年度内企业被跟踪分析的研究报告份数加1后取自然对数
控制变量	$size$	公司规模,年末总市值取自然对数
	lev	资产负债率,年末负债合计/资产合计
	bm	账面市值比,资产总计/市值
	roe	净资产收益率
	ln$price$	股票价格,为日收盘价的年均值取自然对数
	vol	波动率,为日个股回报率的标准差
	dua	两职合一,若董事长和总经理为同一人,则 $dua=1$,否则为0
	$board$	董事人数的自然对数
	$tone$	年报文本语调,$tone=$(积极词汇－消极词汇)/(积极词汇＋消极词汇)
	$big4$	是否四大审计,若公司年报由四大会计师事务所审计,则 $big4=1$,否则为0
	roa_sd	盈余的波动,用资产收益率的标准差衡量
	$industry$	行业虚拟变量
	$year$	年度虚拟变量

3. 模型设计

为了检验企业年报信息形式质量与股票流动性之间的关系,基于假设3构建了模型如式 5-10 所示：

$$Amihud_{it} = \alpha_0 + \alpha_1 format_{it} + \alpha_2 roe_{it} + \alpha_3 bm_{it} + \alpha_4 size_{it} + \alpha_5 lev_{it}$$
$$+ \alpha_6 vol_{it} + \alpha_7 \ln price_{it} + \alpha_8 dua_{it} + \alpha_9 board_{it} + \alpha_{10} tone_{it}$$
$$+ \alpha_{11} big4_{it} + \alpha_{12} roa\_sd_{it} + \sum industry + \sum year + \varepsilon_{it}$$

（式 5-10）

根据假设 3,当企业披露年报的外观形式质量越好,越会降低市场中的信息不对称程度,吸引投资者参与交易,从而提高企业股票的流动性,在此预计外观形式质量指标 $format$ 的系数 α_1 显著为正。

为了验证分析师关注是否会在企业年报信息形式质量与股票流动性关系中起到中介作用,这里参考温忠麟 等(2004)的方法,构建了式 5-11~式 5-13 以检验分析师关注在年报信息形式质量与股票流动性之间的中介作用。

$$Amihud_{it} = c_0 + c_1 format_{it} + c_2 roe_{it} + c_3 bm_{it} + c_4 size_{it} + c_5 lev_{it}$$
$$+ c_6 vol_{it} + c_7 \ln price_{it} + c_8 dua_{it} + c_9 board_{it} + c_{10} tone_{it}$$
$$+ c_{11} big4_{it} + c_{12} roa\_sd_{it} + \sum industry + \sum year + \varepsilon_{it}$$

（式 5-11）

$$Repattention_{it} = a_0 + a_1 format_{it} + a_2 roe_{it} + a_3 bm_{it} + a_4 size_{it} + a_5 lev_{it}$$
$$+ a_6 vol_{it} + a_7 \ln price_{it} + a_8 dua_{it} + a_9 board_{it} + a_{10} tone_{it}$$
$$+ a_{11} big4_{it} + a_{12} roa\_sd_{it} + \sum industry + \sum year + \varepsilon_{it}$$

（式 5-12）

$$Amihud_{it} = c'_0 + c'_1 format_{it} + bRepattention + c'_2 roe_{it} + c'_3 bm_{it}$$
$$+ c'_4 size_{it} + c'_5 lev_{it} + c'_6 vol_{it} + c'_7 \ln price_{it} + c'_8 dua_{it}$$
$$+ c'_9 board_{it} + c'_{10} tone_{it} + c'_{11} big4_{it} + c'_{12} roa\_sd_{it}$$
$$+ \sum industry \sum year + \varepsilon_{it}$$

（式 5-13）

根据假设 4,企业年报信息形式质量越好,会吸引越多的分析师关注,从而提高股票流动性。在此预计式 5-11 中 c_1 显著为正,式 5-12 中 a_1 显著为正,当式 5-13 中 b 显著为正时,若 c'_1 不显著,则说明分析师关注在年报信息形式质量与股票流动性之间起完全中介作用;若式 5-13 中 c_1' 仍然显著,则说明分析师关注所起的是部分中介作用。

5.4 实证结果及分析

5.4.1 企业应计操纵与年报呈现形式

1. 描述性统计

本章主要变量的描述性统计如表 5-3 的面板 A 所示。在被解释变量中,企业年报外观呈现形式使用情况的最小值为 −9.149,最大值为 14.150;平均数和中位数分别为 0.810、0.685。各企业年报在不同年度的外观呈现形式使用情况差异较大。对于解释变量,采用修正的 Jones 模型计算得到的可操纵应计 da_jones 的最小值为 −0.326,最大值为 0.306;平均数和中位数分别为 0.012、0.013。表明各年度同时存在向上操纵和向下操纵的情况,仅考虑操纵方向时,da 的均值和中位数分别为 0.580 和 1.000,说明样本中向上应计操纵的企业相对较多。调节变量盈余管理约束(noa)最小值为 −0.050,但由中位数(0.557)和平均数(0.534)可以看出大多数公司的可操纵应计受到限制。表 5-3 的面板 B 则列示了外观呈现形式构成变量的描述性统计,$color$ 的均值为 0.697,说明样本中企业年报中色彩运用较为普遍。$page$ 和 $filesize$ 的均值分别为 173.200 和 369.200,表明年报篇幅较大。$table$ 均值为 249.800,在样本企业年报中表格数量较多。$graph$ 的均值为 0.330,说明样本企业年报中图表占有一定面积。

表 5-3 描述性统计

面板 A:主要变量描述性统计						
变量名称	样本量	均 值	方 差	最小值	中位数	最大值
$format$	14 929	0.810	2.517	−9.149	0.685	14.150
da_jones	14 929	0.012	0.095	−0.326	0.013	0.306
da	14 929	0.580	0.494	0.000	1.000	1.000
noa	14 929	0.534	0.182	−0.050	0.557	0.862

续 表

面板 A：主要变量描述性统计

变量名称	样本量	均 值	方 差	最小值	中位数	最大值
$size$	14 929	22.090	1.220	19.880	21.930	25.720
btm	14 929	0.572	0.265	0.088	0.548	1.175
lev	14 929	0.432	0.205	0.052	0.427	1.032
ret	14 929	−0.057	0.044	−0.239	−0.044	−0.007
rem	14 929	−0.005	0.195	−0.687	0.008	0.547
roa	14 929	0.036	0.059	−0.284	0.034	0.202
$gender$	14 929	0.937	0.242	0.000	1.000	1.000
soe	14 929	0.385	0.487	0.000	0.000	1.000

面板 B：$format$ 构成变量描述性统计

变量名称	样本量	均 值	方 差	最小值	中位数	最大值
$color$	14 929	0.697	0.459	0.000	1.000	1.000
$page$	14 929	173.200	40.510	93.000	169.000	297.000
$filesize$	14 929	369.200	265.600	64.080	292.800	1 353.000
$table$	14 929	249.800	131.400	134.000	273.000	439.000
$graph$	14 929	0.330	0.122	0.000	0.309	0.457

注：表中外观呈现形式构成的连续型变量未经标准化，$filesize$ 单位为 kb，并均除 10 000。

2. 相关性分析

从表 5-4 的相关系数矩阵中可以看出，企业的应计操纵与年报外观呈现形式在 1% 水平上显著为正，表明当企业当期应计操纵程度越大时，企业年报中使用外观呈现形式操纵配合辅助应计操纵的水平程度越高，间接证实了假设 1。另外，企业的规模、资产负债率、当期真实盈余管理、当期股票收益率与年报外观呈现形式分别在不同的显著性水平下呈正相关关系，而第一大股东持股比例与国企性质则均在 1% 的显著性水平与年报外观呈现形式呈负相关关系。

表 5-4 相关系数矩阵

变量名称	format	da	size	lev	rem	ret	btm	top1	roa	gender	soe
format	1.00										
da	0.02***	1.00									
size	0.19***	0.00	1.00								
lev	0.11***	−0.07***	0.52***	1.00							
rem	0.02**	0.18***	0.05***	0.17***	1.00						
ret	0.00	0.05***	0.32***	0.10***	−0.03***	1.00					
btm	0.08***	−0.03***	0.63***	0.48***	0.18***	0.43***	1.00				
top	−0.03***	0.04***	0.15***	0.09***	−0.03***	0.09***	0.10***	1.00			
roa	0.01	0.22***	−0.09***	−0.39***	−0.39***	0.05***	−0.32***	0.09***	1.00		
gender	−0.00	0.01	0.03***	0.01	0.01*	0.01	0.03***	0.00	−0.00	1.00	
soe	−0.10***	0.02**	0.32***	0.28***	0.08***	0.20***	0.32***	0.23***	−0.13***	0.06***	1.00

注：*、**、***分别表示在10%、5%、1%水平下显著。

3. 多元回归结果分析

1) 企业应计操纵方向与年报外观呈现形式

为了检验企业应计操纵与年报外观呈现形式的相关关系,检验结果如表 5-5 所示。从回归结果可以看出,无论是运用普通 OLS 回归抑或是固定效应模型,以及是否考虑年度和行业固定效应,应计操纵(da)的系数均在不同的显著性水平上显著为正,证实假设 1。结果表明,企业应计操纵方向与企业年报外观呈现形式的操纵方向相同,即外观呈现形式的使用对应计操纵存在协同辅助效应。当企业存在应计盈余管理行为时,管理者操纵年报外观呈现形式的空间大、动机强,从而辅助或掩饰企业在财务数据上的操纵行为。在控制变量部分,$size$、lev、roa 及 $gender$ 的回归系数均在固定效应模型下显著为正,说明企业资产规模、负债水平、盈利能力及高管性别为男性均会促进企业年报外观呈现的运用。

表 5-5 企业应计操纵方向与年报外观呈现形式回归结果

变量名称	(1) format	(2) format	(3) format	(4) format
da	0.158***	0.156***	0.116***	0.078**
	(3.34)	(3.30)	(3.19)	(2.13)
$size$	0.591***	0.697***	0.404***	0.749***
	(15.56)	(16.01)	(8.09)	(11.55)
lev	0.531***	0.812***	1.270***	1.003***
	(2.79)	(4.13)	(5.32)	(4.30)
rem	0.131	−0.016	0.004	0.050
	(0.83)	(−0.10)	(0.03)	(0.35)
ret	−1.269**	−2.054***	0.176	−0.445
	(−2.26)	(−3.14)	(0.38)	(−0.79)

续 表

变量名称	(1) *format*	(2) *format*	(3) *format*	(4) *format*
btm	−0.503***	−0.243	0.231	0.443**
	(−3.04)	(−1.19)	(1.64)	(2.20)
top1	−0.873***	−0.709***	0.550	−0.060
	(−3.49)	(−2.81)	(1.30)	(−0.14)
roa	0.040	−0.069	0.797*	0.899**
	(0.08)	(−0.14)	(1.83)	(2.10)
gender	0.025	0.002	0.258*	0.254*
	(0.19)	(0.02)	(1.68)	(1.66)
soe	−0.850***	−0.814***	−0.230	−0.317
	(−10.45)	(−9.41)	(−1.15)	(−1.57)
常 量	−11.756***	−14.069***	−9.216***	−16.616***
	(−15.43)	(−16.04)	(−8.18)	(−10.11)
行业效应与年份效应	NO	YES	NO	YES
企业效应	NO	NO	YES	YES
样本量	14 929	14 929	14 929	14 929
调整后的 R^2/组内 R^2	0.079	0.100	0.023	0.039

注：括号内为 t 值，*、**、*** 分别表示在 10%、5%、1% 水平下显著；回归标准误在企业个体层面进行了聚类处理。

2) 盈余管理管束对应计操纵与年报外观呈现形式间关系的调节作用

为考察应计操纵约束是否会影响应计操纵与企业年报外观呈现形式的协同辅助关系，本章构建交互项 $da_{i,t} \times noa_{i,t-1}$ 加入至回归模型中，结果如表 5-6 所示。由回归结果可以看出，da 的回归系数依然在至少 5% 的显著性水平上为正,其与应计操纵约束(noa)的两者交互项的系数在 10% 的水平上显著为负。说明在当期应计操纵约束较大的情况下,企业操纵财务数据的空间受到限制,企业年报难以利用外观呈现形式的表达特点来减少应计操纵被识破的可能性,即年报通过使用外观呈现形式配合应计操纵的空间减小,故而应计操纵约束会削弱企业应计操纵和年报外观呈现形式操纵之间的协同辅助效应,证实假设 2 成立。

表 5-6 应计操纵约束的调节效应回归结果

变量名称	(1) $format$	(2) $format$
da	0.314***	0.272**
	(2.88)	(2.50)
noa	0.677***	0.758***
	(3.04)	(3.46)
$da \times noa$	−0.357*	−0.348*
	(−1.87)	(−1.84)
$size$	0.402***	0.753***
	(8.04)	(11.60)
lev	1.297***	1.023***
	(5.45)	(4.41)
rem	−0.006	0.044
	(−0.04)	(0.30)
ret	0.197	−0.453
	(0.43)	(−0.81)
btm	0.221	0.413**
	(1.57)	(2.05)

续　表

变量名称	(1) format	(2) format
$top1$	0.628	0.021
	(1.49)	(0.05)
roa	0.968**	1.079**
	(2.23)	(2.52)
$gender$	0.259*	0.254*
	(1.69)	(1.66)
soe	−0.223	−0.312
	(−1.12)	(−1.55)
常　量	−9.581***	−17.209***
	(−8.49)	(−10.48)
行业效应与年份效应	NO	YES
企业效应	YES	YES
样本量	14 929	14 929
组内 R^2	0.024	0.040

注：括号内为 t 值，*、**、*** 分别表示在10%、5%、1%水平下显著；回归标准误在企业个体层面进行了聚类处理。

5.4.2　年报呈现形式与股票流动性

1. 描述性统计

通过计算机提取技术获取了所有 A 股上市公司年报信息形式维度，并对其进行了描述性统计，结果如表 5-7 所示。年报页数、平均句长、表格数量的变化趋势如图 5-1、图 5-2 及图 5-3 所示。

表 5-7　A 股年报形式指标描述性统计

变量	样本量	均值	P25	P50	P75	标准差	最小值	最大值
Page	19 268	174.486	146.000	170.000	197.000	42.588	8.000	495.000
Color	19 268	0.670	0.000	1.000	1.000	0.470	0.000	1.000
Sumtable	19 268	282.919	232.000	279.000	341.000	87.819	70.000	450.000
MUL	19 268	46.179	43.030	46.047	49.192	5.057	0.314	97.690

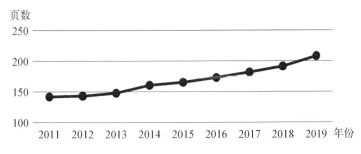

图 5-1　年报页数变化趋势

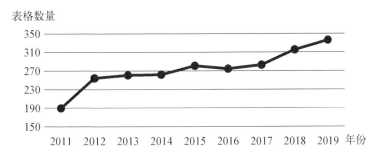

图 5-2　年报表格数量变化趋势

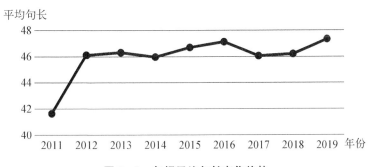

图 5-3　年报平均句长变化趋势

从年报页数和表格数量维度的描述性统计结果及变化趋势图中可以看出,在样本年度2011—2019年中,我国A股上市公司年报在页数、表格数量方面差异较大。上市公司年报平均页数约为174.486,平均表格数量约为282.920个,两者在样本期间总体均呈上升趋势。可见我国上市公司在年报中披露了较为全面和详尽的信息,并增加了表格的使用帮助阅读者进行相关计算和决策。就平均句长指标来说,点号如句号、逗号、分号等能实现句子分割。根据已有统计,汉语句子最佳长度为7~12个字,而过长的句子将不利于读者进行阅读和理解(江媛 等,2018),所以年报中平均句长的均值46.179,远远超过了最佳句子长度范围,我国上市公司年报对投资者来说仍然具有较大的阅读难度。

此外,在检验年报信息形式质量对股票流动性的影响之前,对于被解释变量股票流动性 $Amihud$、解释变量形式质量 $format$ 以及其他控制变量进行了描述性统计,具体统计结果如表5-8所示。

表5-8 总样本描述性统计表

变量	样本量	均值	P25	P50	P75	标准差	最小值	最大值
$Amihud$	16 893	−0.129	−0.074	−0.038	−0.020	0.396	−2.822	−0.003
$format$	16 893	2.110	1.561	2.286	2.548	0.576	0.814	3.044
$attention$	16 893	1.838	0.000	1.792	3.045	1.457	0.000	4.727
$\ln Page$	16 893	5.137	4.990	5.142	5.283	0.225	4.575	5.697
$\ln MUL$	16 893	3.830	3.764	3.831	3.897	0.103	3.537	4.077
$\ln Sumtable$	16 893	5.587	5.455	5.635	5.835	0.395	4.249	6.109
$color$	16 893	0.676	0.000	1.000	1.000	0.468	0.000	1.000
roe	16 893	0.064	0.033	0.071	0.113	0.115	−0.633	0.307
bm	16 893	0.628	0.443	0.632	0.809	0.242	0.124	1.150
$size$	16 893	22.679	21.885	22.540	23.313	1.109	20.717	26.107
lev	16 893	0.410	0.243	0.399	0.563	0.204	0.052	0.886
dua	16 893	0.284	0.000	0.000	1.000	0.451	0.000	1.000

续　表

变　量	样本量	均　值	P25	P50	P75	标准差	最小值	最大值
board	16 893	2.128	1.946	2.197	2.197	0.198	1.609	2.708
vol	16 893	0.030	0.022	0.027	0.033	0.012	0.013	0.086
ln*price*	16 893	2.570	2.039	2.543	3.062	0.727	1.041	4.379
tone	16 893	0.295	0.236	0.295	0.354	0.086	0.093	0.499
big4	16 893	0.050	0.000	0.000	0.000	0.218	0.000	1.000
roa_sd	16 893	0.032	0.010	0.018	0.034	0.043	0.001	0.273

从以上描述性统计表可知,在样本统计年度,衡量股票流动性的 *Amihud* 指标均值(中位数)为 $-0.129(-0.038)$,均值明显小于中位数,说明数据整体呈现左偏分布,即股票流动性较低的观测值较多。*Amihud* 指标的最大值、最小值分别为 -0.003、-2.822,整体而言,我国上市公司股票流动性普遍较低,且不同公司的股票流动性呈现出较大差异。对于解释变量年报信息形式质量 *format* 的均值(中位数)为 2.110(2.286),最大值、最小值分别为 3.044、0.814,即由于 *format* 各维度即年报页数、是否使用彩色封面、表格数量、平均句长存在较大差异,我国上市公司之间年报信息形式质量也存在较大差距。其他控制变量分布情况较为合理,在此不再赘述。

为了对我国上市公司样本期间的年报信息形式质量有一个更加直观的展示,进一步对 *format* 指标进行分年度的均值统计,如表 5-9 和图 5-4 所示。

表 5-9　形式质量指标分年度统计

年　度	样本量	*format* 均值	占比/%
2011	1 219	1.918	7.22
2012	1 475	1.977	8.73
2013	1 432	1.980	8.48
2014	945	2.199	5.59

续表

年 度	样本量	$format$ 均值	占比/%
2015	1 314	2.141	7.78
2016	2 199	1.993	13.02
2017	2 543	2.080	15.05
2018	2 895	2.216	17.14
2019	2 871	2.292	17.00
总 计	16 893	2.110	100.00

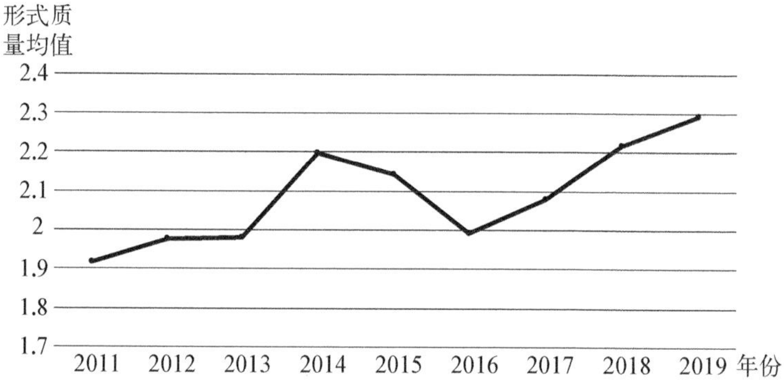

图 5-4 形式质量指标变化趋势

2011—2019 年期间我国上市公司年报信息形式质量呈上升趋势,且 $format$ 在 1.9～2.3 之间。而由前述 $format$ 的计算方式可知,通过标准化后加总得到的年报信息形式质量指标 $format$ 的取值范围应在 0～4 之间。也就是说,虽然各类规则、制度要求企业提高披露报告的形式质量,在呈现形式方面鼓励企业"图文并茂,采用各类统计图",但是从实际情况看来,我国上市企业还尚未意识到年报信息形式的重要性,形式质量总指标 $format$ 得分还处于中等偏下水平,即企业年报信息的形式质量还有待提高。

2. 回归结果分析

为了检验假设 3 及假设 4,将相关指标带入模型中进行回归,具体的回归结果如表 5-10 所示。第(1)列表明,年报信息形式质量($format$)与股票流动性

($Amihud$)显著正相关,年报信息形式质量越高,股票流动性越强,该结果支持了假设3。这说明当企业年报形式质量越好时,会吸引更多投资者的关注,并参与到交易中,提高了股票流动性。第(2)列表明年报信息形式质量与分析师关注显著正相关,年报信息形式质量的提高会吸引更多的分析师关注并发布关于企业的研究报告。第(3)列将分析师关注指标 $attention$ 引入回归方程,结果显示分析师关注与股票流动性显著正相关,说明分析师在市场中起到了信息中介的作用,为投资者提供了更多关于企业的信息,降低了信息不对称程度,提高了股票流动性。同时第(3)列形式质量指标 $format$ 与股票流动性仍在1%的水平下显著正相关(0.017,t=4.168),根据温忠麟 等(2004)中介效应检验模型,分析师关注在年报信息形式质量与股票流动性之间起部分中介作用,假设4得到支持[①]。

表 5‑10 年报信息形式质量与股票流动性回归结果

变 量	(1) $Amihud$	(2) $attention$	(3) $Amihud$
$format$	0.018***	0.205***	0.017***
	(4.550)	(13.760)	(4.168)
$attention$			0.007***
			(3.392)
roe	−0.129***	1.592***	−0.140***
	(−5.942)	(19.636)	(−6.385)
bm	−0.242***	0.036	−0.242***
	(−20.241)	(0.815)	(−20.268)
$size$	0.042***	0.758***	0.037***
	(15.249)	(73.568)	(11.590)

---

① 在研究市场关注在年报信息披露形式与股票流动性之间的中介作用时,本章还以百度搜索指数作为媒体投资者关注度的代理变量,但是实证结果不够显著,原因可能在于百度搜索指数这种衡量方式无法区分专业投资者和非专业投资者。此外,本章还对机构投资者的信息传递作用进行了检验,结果同样不够显著,这可能是因为机构投资者在市场中是否能降低信息不对称程度还未得出一致的结论。上述两种变量相对模糊和间接。基于此,后文在进行实证检验时均采用以研报数量为代理变量的分析师关注度作为中介效应。

续　表

变　量	(1) Amihud	(2) attention	(3) Amihud
lev	0.032**	−0.742***	0.037***
	(2.354)	(−14.486)	(2.717)
vol	−25.216***	−12.235***	−25.131***
	(−109.763)	(−14.225)	(−108.772)
$\ln price$	−0.016***	0.712***	−0.021***
	(−3.992)	(46.773)	(−4.907)
dua	−0.003	0.094***	−0.003
	(−0.533)	(5.104)	(−0.666)
$board$	−0.049***	0.095**	−0.050***
	(−4.298)	(2.198)	(−4.356)
$tone$	0.083***	1.958***	0.069**
	(2.805)	(17.752)	(2.320)
$big4$	−0.062***	−0.090**	−0.061***
	(−6.005)	(−2.336)	(−5.945)
roa_sd	0.441***	0.556***	0.437***
	(8.059)	(2.712)	(7.989)
行业效应	YES	YES	YES
年份效应	YES	YES	YES
常　量	−0.065	−17.423***	0.057
	(−0.949)	(−68.193)	(0.739)
样本量	16 893	16 893	16 893
R^2	0.534	0.517	0.534

注：括号内为 t 值，*、**、***分别指在10%、5%、1%的统计性水平上显著。

5.5 稳健性检验

5.5.1 企业应计操纵与年报呈现形式

1. PSM 检验

考虑到企业是否进行盈余管理可能具有样本选择偏差的问题,因此本章采用倾向得分匹配法解决此问题。本章将样本中实施了正向的应计操纵的样本($da=1$)作为实验组,其他样本($da=0$)作为控制组,将 $size$、lev、soe、rem、btm 及 ret 作为匹配协变量,进行不放回的一比一近邻匹配。未列示的平衡性检验结果显示,匹配后协变量组在实验组与控制组之间的差距显著降低。匹配后的模型(1)及模型(2)的回归结果如表 5-11 第(1)列及第(2)列所示,第(1)列 da 的回归系数为 0.165,在 1% 的水平下显著,第(2)列 $da\times noa$ 的回归系数为 -0.697,在 5% 的水平下显著,均与基准回归结果保持一致。进一步证明了财务数据操纵与年报外观呈现形式操纵的配合效应以及应计操纵约束的调节效应的稳健性。

2. 考虑可能的遗漏变量

文本是年报的又一重要组成部分,年报中的文本和信息呈现形式共同配合向报表使用者传递信息。Lo et al.(2017)、王华杰 等(2018)研究发现企业年报的复杂度和语气会配合企业的盈余管理行为,对财务数据的操纵在一定程度上存在替代作用。本章在基准回归模型中未考虑文本内容对回归结果的潜在影响,对此本章将复杂度和语气语调这两类文本内容分析指标纳入控制变量中。这两项指标来自 WinGo 数据库,且为便于回归结果解释将复杂度(ar)指标做相反数处理,该指标越高,年报复杂程度越高,越不容易阅读;语调指标($tone$)越高,年报语气语调越积极。最终回归结果如表 5-11 第(3)列及第(4)列所示。由检验结果可知,即使是在控制文本内容分析类指标后,解释变量 da 回归系数的显著性水平有所下降,但依然在至少 10% 的水平上显著为正。该结果表明年报外观呈现形式与应计操纵的协同辅助效应在考虑了文本特征后仍然显著存在,证实前文结果稳健。

3. 解释变量替代指标检验

本章的基础假设中采用修正的 Jones 模型是现有研究常用的衡量企业应计操纵程度的指标之一。本章在稳健性检验中则采用 DD 模型(Dechow et al., 2002)衡量企业的盈余管理水平 $dd_{i,t}$，最终回归结果如表 5-11 第(5)列所示。替换后解释变量 dd 的系数为 0.086，在 5% 的水平下显著为正($t=1.69$)。表明在该种计算方式下，企业年报中存在财务数据操纵与呈现形式操纵的配合效依然存在，再次证实本章所得结论的稳健性。

表 5-11 稳健性检验结果

变 量	(1)	(2)	(3)	(4)	(5)
	PSM 检验		考虑遗漏变量		替换指标
	format	*format*	*format*	*format*	*format*
da	0.165***	0.546***	0.071*	0.080**	
	(2.83)	(3.05)	(1.94)	(2.19)	
noa		0.987***			
		(3.31)			
$da \times noa$		−0.697**			
		(−2.24)			
ar			0.150***		
			(9.79)		
$tone$				−8.450	
				(−1.64)	
dd					0.086**
					(2.18)
常 量	−15.030***	−15.737***	−17.505***	−16.251***	−16.857***
	(−7.97)	(−8.25)	(−10.81)	(−9.97)	(−10.20)

续 表

变量	(1)	(2)	(3)	(4)	(5)
	PSM 检验		考虑遗漏变量		替换指标
	$format$	$format$	$format$	$format$	$format$
控制变量效应	YES	YES	YES	YES	YES
行业效应和年份效应	YES	YES	YES	YES	YES
企业效应	YES	YES	YES	YES	YES
样本量	7 547	7 547	14 871	14 871	14 919
组内 R^2	0.039	0.041	0.051	0.038	0.039

注：括号内为 t 值，*、**、*** 分别指在 10%、5%、1%的统计性水平上显著。

5.5.2 年报呈现形式与股票流动性

1. 替换被解释变量

为了保证假设回归结果的稳健性，首先对被解释变量股票流动性的衡量指标进行替换。价格冲击指标 $Amihud$ 是一种综合性的股票流动性衡量指标，此外，交易量法下的交易量指标也是可以用来直接衡量股票流动性的指标。本章选取交易量作为 $Amihud$ 的替代，检验年报信息形式质量与股票流动性之间的关系。参考相关研究者的做法，将股票年总交易量取对数作为股票流动性的代理指标，计算方式如式(5-14)所示。

$$Vol = \ln(Ynshrtrd) \quad \text{(式 5-14)}$$

其中 $Ynshrtrd$ 为年内该股票的交易数量。

表 5-12 给出了以交易量 Vol 为被解释变量的回归结果。实证结果表明，在将股票流动性指标替换为交易量后，仍然可以发现年报信息形式质量与股票流动性之间保持显著正相关关系，且分析师关注在两者关系中起部分中介作用。

2. 替换解释变量

前述对于年报信息形式质量的衡量是通过年报页数、平均句长、是否使用彩色封面及表格数量四个维度计算得到的，这里将使用这四个指标分别替代年报信息形式质量 $format$，对本章重新进行检验，结果如表 5-13、表 5-14 所示。

表 5-12　被解释变量替换回归结果

变　量	(1) vol	(2) attention	(3) vol
format	0.041***	0.205***	0.033***
	(4.809)	(13.760)	(3.776)
attention			0.043***
			(9.652)
roe	-0.238***	1.592***	-0.306***
	(-5.064)	(19.636)	(-6.467)
bm	-0.813***	0.036	-0.815***
	(-31.364)	(0.815)	(-31.510)
size	0.623***	0.758***	0.591***
	(104.409)	(73.568)	(86.281)
lev	-0.311***	-0.742***	-0.280***
	(-10.492)	(-14.486)	(-9.383)
vol	16.078***	-12.235***	16.605***
	(32.262)	(-14.225)	(33.210)
lnprice	-0.882***	0.712***	-0.912***
	(-99.939)	(46.773)	(-97.538)
dua	-0.008	0.094***	-0.012
	(-0.774)	(5.104)	(-1.155)
board	-0.007	0.095**	-0.011
	(-0.280)	(2.198)	(-0.444)
tone	0.075	1.958***	-0.010
	(1.166)	(17.752)	(-0.152)

续　表

变　量	(1)	(2)	(3)
	vol	attention	vol
big4	−0.203***	−0.090**	−0.199***
	(−9.028)	(−2.336)	(−8.877)
roa_sd	0.604***	0.556***	0.580***
	(5.087)	(2.712)	(4.898)
行业效应	YES	YES	YES
年份效应	YES	YES	YES
常　量	9.283***	−17.423***	10.033***
	(62.704)	(−68.193)	(60.137)
样本量	16 893	16 893	16 893
R^2	0.695	0.517	0.697

注：括号内为 t 值，*、**、*** 分别指在 10%、5%、1% 的统计性水平上显著。

表 5-13　解释变量替换回归结果 1

变　量	lnpage 作为解释变量			lnMUL 作为解释变量		
	(1)	(2)	(3)	(4)	(5)	(6)
	Amihud	attention	Amihud	Amihud	attention	Amihud
lnpage	0.051***	0.521***	0.047***			
	(3.950)	(10.785)	(3.644)			
lnMUL				−0.020	−0.253***	−0.018
				(−0.893)	(−3.071)	(−0.802)
attention			0.007***			0.008***
			(3.538)			(3.832)

续 表

变 量	ln*page* 作为解释变量			ln*MUL* 作为解释变量		
	(1)	(2)	(3)	(4)	(5)	(6)
	Amihud	attention	Amihud	Amihud	attention	Amihud
roe	−0.127***	1.602***	−0.139***	−0.132***	1.559***	−0.144***
	(−5.873)	(19.707)	(−6.340)	(−6.075)	(19.138)	(−6.572)
bm	−0.249***	−0.028	−0.248***	−0.239***	0.071	−0.240***
	(−20.440)	(−0.621)	(−20.430)	(−19.972)	(1.582)	(−20.025)
size	0.039***	0.728***	0.034***	0.042***	0.764***	0.036***
	(13.548)	(67.427)	(10.390)	(15.399)	(73.637)	(11.501)
lev	0.029**	−0.773***	0.035**	0.031**	−0.757***	0.037***
	(2.143)	(−15.063)	(2.538)	(2.253)	(−14.705)	(2.671)
vol	−25.242***	−12.490***	−25.151***	−25.206***	−12.118***	−25.111***
	(−109.777)	(−14.480)	(−108.743)	(−109.658)	(−14.015)	(−108.655)
ln*price*	−0.017***	0.709***	−0.022***	−0.015***	0.725***	−0.021***
	(−4.073)	(46.391)	(−5.029)	(−3.727)	(47.400)	(−4.817)
dua	−0.002	0.100***	−0.003	−0.001	0.110***	−0.002
	(−0.442)	(5.428)	(−0.590)	(−0.238)	(5.980)	(−0.415)
board	−0.050***	0.083*	−0.051***	−0.050***	0.089**	−0.050***
	(−4.391)	(1.933)	(−4.445)	(−4.326)	(2.061)	(−4.389)
tone	0.098***	2.142***	0.082***	0.110***	2.260***	0.092***
	(3.366)	(19.693)	(2.797)	(3.796)	(20.816)	(3.142)
big4	−0.065***	−0.120***	−0.064***	−0.064***	−0.114***	−0.063***
	(−6.270)	(−3.099)	(−6.186)	(−6.187)	(−2.933)	(−6.101)

续　表

变量	lnpage 作为解释变量			lnMUL 作为解释变量		
	(1)	(2)	(3)	(4)	(5)	(6)
	Amihud	attention	Amihud	Amihud	attention	Amihud
roa_sd	0.447***	0.626***	0.442***	0.452***	0.678***	0.447***
	(8.163)	(3.052)	(8.080)	(8.258)	(3.290)	(8.161)
行业效应	YES	YES	YES	YES	YES	YES
年份效应	YES	YES	YES	YES	YES	YES
常量	−0.214***	−18.939***	−0.076	0.015	−16.410***	0.144
	(−2.702)	(−63.825)	(−0.861)	(0.141)	(−41.858)	(1.312)
样本量	16 893	16 893	16 893	16 893	16 893	16 893
R^2	0.534	0.515	0.534	0.533	0.512	0.534

注：括号内为 t 值，*、**、*** 分别指在 10%、5%、1% 的统计性水平上显著。

表 5-14　解释变量替换回归结果 2

变量	lnSumtable 作为解释变量			Color 作为解释变量		
	(1)	(2)	(3)	(4)	(5)	(6)
	Amihud	attention	Amihud	Amihud	attention	Amihud
lnSumtable	0.028***	0.095***	0.027***			
	(4.522)	(4.097)	(4.404)			
Color				0.014***	0.235***	0.012**
				(2.906)	(12.971)	(2.536)
attention			0.008***			0.007***
			(3.713)			(3.581)
roe	−0.129***	1.566***	−0.141***	−0.131***	1.574***	−0.142***
	(−5.965)	(19.221)	(−6.448)	(−6.035)	(19.415)	(−6.501)

续 表

变量	ln*Sumtable* 作为解释变量			*Color* 作为解释变量		
	(1)	(2)	(3)	(4)	(5)	(6)
	Amihud	attention	Amihud	Amihud	attention	Amihud
bm	−0.243***	0.051	−0.244***	−0.240***	0.064	−0.240***
	(−20.325)	(1.134)	(−20.364)	(−20.052)	(1.423)	(−20.097)
size	0.041***	0.759***	0.036***	0.043***	0.769***	0.037***
	(15.036)	(73.151)	(11.274)	(15.502)	(74.488)	(11.660)
lev	0.029**	−0.765***	0.035**	0.033**	−0.727***	0.038***
	(2.135)	(−14.856)	(2.545)	(2.378)	(−14.175)	(2.754)
vol	−25.207***	−12.123***	−25.115***	−25.206***	−12.126***	−25.117***
	(−109.728)	(−14.024)	(−108.733)	(−109.686)	(−14.091)	(−108.694)
ln*price*	−0.016***	0.722***	−0.021***	−0.016***	0.714***	−0.021***
	(−3.900)	(47.191)	(−4.937)	(−3.883)	(46.878)	(−4.871)
dua	−0.002	0.108***	−0.003	−0.002	0.095***	−0.003
	(−0.349)	(5.854)	(−0.516)	(−0.426)	(5.169)	(−0.569)
board	−0.050***	0.094**	−0.050***	−0.049***	0.101**	−0.050***
	(−4.326)	(2.168)	(−4.389)	(−4.261)	(2.346)	(−4.327)
tone	0.100***	2.245***	0.083***	0.095***	2.003***	0.080***
	(3.476)	(20.662)	(2.849)	(3.223)	(18.223)	(2.694)
big4	−0.062***	−0.100**	−0.061***	−0.062***	−0.088**	−0.062***
	(−5.959)	(−2.573)	(−5.886)	(−6.032)	(−2.274)	(−5.970)
roa_sd	0.449***	0.694***	0.443***	0.449***	0.612***	0.445***
	(8.207)	(3.371)	(8.111)	(8.209)	(2.989)	(8.127)
行业效应	YES	YES	YES	YES	YES	YES

续 表

变量	lnSumtable 作为解释变量			Color 作为解释变量		
	(1)	(2)	(3)	(4)	(5)	(6)
	Amihud	attention	Amihud	Amihud	attention	Amihud
年份效应	YES	YES	YES	YES	YES	YES
常 量	−0.166**	−17.695***	−0.031	−0.067	−17.502***	0.063
	(−2.289)	(−64.915)	(−0.385)	(−0.974)	(−68.386)	(0.810)
样本量	16 893	16 893	16 893	16 893	16 893	16 893
R^2	0.534	0.512	0.534	0.534	0.516	0.534

注：括号内为 t 值，*、**、*** 分别指在 10%、5%、1% 的统计性水平上显著。

从回归结果可以看出，年报页数、表格数量、彩色封面的回归系数均在 1% 的水平上显著为正，只是平均句长的回归系数为负但不够显著。这表明年报篇幅越长，所包含的表格数量越多，使用彩色封面能够提高股票流动性，同时分析师关注在相关关系中起到中介作用，平均句长对投资者影响较小。以上结果总体上说明本章实证检验结果是比较稳健的。

3. 替换样本检验

由于我国上市公司以制造业为主，且本章研究观测值中制造业企业占 60% 以上，在此将样本范围限制在制造业企业重新进行回归，回归结果如表 5-15 所示。可以看出，对于制造业样本，年报信息形式质量与股票流动性的正相关关系及分析师关注的中介作用依然存在。

表 5-15 替换样本回归结果

变量	(1)	(2)	(3)
	Amihud	attention	Amihud
format	0.014***	0.187***	0.012**
	(2.697)	(9.916)	(2.373)

续　表

变量	(1) Amihud	(2) attention	(3) Amihud
attention			0.008***
			(3.257)
roe	−0.171***	2.040***	−0.188***
	(−5.677)	(18.176)	(−6.159)
bm	−0.257***	−0.017	−0.257***
	(−16.600)	(−0.294)	(−16.598)
size	0.042***	0.788***	0.035***
	(11.523)	(57.762)	(8.457)
lev	0.039**	−0.748***	0.045**
	(2.176)	(−11.177)	(2.516)
vol	−26.650***	−11.600***	−26.552***
	(−95.627)	(−11.148)	(−94.762)
lnprice	−0.018***	0.689***	−0.024***
	(−3.579)	(36.155)	(−4.458)
dua	−0.003	0.114***	−0.004
	(−0.422)	(5.082)	(−0.582)
board	−0.022	0.187***	−0.024
	(−1.449)	(3.259)	(−1.552)
tone	0.086**	2.200***	0.068*
	(2.260)	(15.423)	(1.753)

续 表

变 量	(1)	(2)	(3)
	Amihud	attention	Amihud
big4	−0.054***	−0.088*	−0.053***
	(−3.764)	(−1.664)	(−3.712)
roa_sd	0.513***	0.608**	0.507***
	(6.435)	(2.044)	(6.372)
行业效应	YES	YES	YES
年份效应	YES	YES	YES
常 量	−0.007	−20.172***	0.164
	(−0.025)	(−18.851)	(0.562)
样本量	10 653	10 653	10 653
R^2	0.583	0.516	0.583

注：括号内为 t 值，*、**、***分别指在10%、5%、1%的统计性水平上显著。

4. PSM 检验

为年报信息形式较高的上市公司 1∶1 匹配选择得分最接近的年报信息形式质量较低的上市公司，选择账面市值比（bm）、资产负债率（lev）、董事会规模（board）、收益波动（roa_sd）四个公司层面特征作为协变量，生成对照组和实验组，此外进一步设定实验组和对照组之间所允许的最大距离为0.05。

为了检验 PSM 匹配是否有效，对照组和实验组之间是否仍有显著性差异，先就匹配变量标准差进行平衡检验，发现匹配变量匹配后（matched）的标准化差异率均小于5%（0.500%、1.200%、0.300%、2.100%），远小于20%的范围标准，可以认为各变量对年报信息形式质量的大小已经不再具有解释力，该方法适用且具有较好的匹配效果。由表5-16中的 t 检验结果可知，匹配后匹配变量 t 检验结果均不显著，说明本章匹配变量的选择是恰当的，平衡性得到满足。

表 5-16 PSM 协变量平衡性检验

变量	U(不匹配) M(匹配)	均值		标准化平均值差异（%bias）	匹配后标准化平均值差异下降的幅度（%reduct）|bias|	t 检验	
		实验组	对照组			t	P>|t|
bm	U	0.612	0.644	-13.500		-8.750	0.000
	M	0.612	0.611	0.500	96.000	0.360	0.722
lev	U	0.397	0.422	-12.300		-8.000	0.000
	M	0.397	0.395	1.200	90.500	0.770	0.441
board	U	2.115	2.141	-13.100		-8.520	0.000
	M	2.115	2.115	0.300	97.600	0.210	0.835
roa_sd	U	0.034	0.030	9.600		6.260	0.000
	M	0.034	0.033	2.100	77.900	1.320	0.187

表 5-17 是基于 PSM 匹配的多元回归结果，第（1）列说明被解释变量股票流动性（$Amihud$）与解释变量年报信息形式质量（$format$）呈显著正相关关系，即年报信息形式质量会对企业股票流动性产生显著的正向影响。同时结合第（2）（3）列，证实了分析师关注的中介效应，该结论与前文假设保持一致。

表 5-17 PSM 后多元回归结果

变量	(1)	(2)	(3)
	Amihud	attention	Amihud
format	0.019***	0.212***	0.017***
	(3.756)	(10.788)	(3.410)
attention			0.007**
			(2.379)
roe	-0.134***	1.723***	-0.146***
	(-4.806)	(15.643)	(-5.180)

续　表

变　量	(1)	(2)	(3)
	Amihud	attention	Amihud
bm	−0.236***	−0.014	−0.236***
	(−16.150)	(−0.232)	(−16.129)
size	0.045***	0.742***	0.040***
	(11.465)	(54.927)	(8.559)
lev	0.032*	−0.749***	0.037**
	(1.716)	(−10.985)	(1.964)
vol	−24.453***	−13.336***	−24.362***
	(−27.166)	(−11.864)	(−26.952)
ln$price$	−0.021***	0.719***	−0.026***
	(−3.386)	(34.712)	(−3.753)
dua	0.001	0.080***	0.000
	(0.112)	(3.274)	(0.039)
board	−0.051***	0.114**	−0.051***
	(−3.085)	(1.999)	(−3.138)
tone	0.111***	1.824***	0.099**
	(2.687)	(12.666)	(2.369)
big4	−0.065***	−0.062	−0.065***
	(−6.040)	(−1.245)	(−6.006)
roa_sd	0.360***	0.518*	0.357***
	(4.174)	(1.697)	(4.129)
行业效应	YES	YES	YES

续　表

变　量	(1)	(2)	(3)
	Amihud	attention	Amihud
年份效应	YES	YES	YES
常　量	−0.134	−16.985***	−0.018
	(−1.476)	(−52.764)	(−0.169)
样本量	9 313	9 313	9 313
R^2	0.525	0.530	0.526

注：括号内为 t 值，*、**、*** 分别指在 10%、5%、1% 的统计性水平上显著。

5.6　进一步讨论

5.6.1　企业应计操纵与年报呈现形式

为了进一步探究其他影响因素对上述协同辅助效应的作用，本章基于外部监管环境与内部治理环境的视角，分别从审计监督质量、分析师关注度、两职合一、两权分离度四个方面来进行分样本检验。

1. 审计质量

审计师作为资本市场的"守门人"对保证年报信息质量发挥了重要作用。他们通过对企业年报进行全面细致的审查，以最大限度降低错报风险。由于经营成果是年报对外披露的重要信息，因此审计师对于盈余管理行为十分敏感（Hirst，1994）。审计工作的成果是否符合信息使用者要求由多方面因素决定，这也意味着并非所有的审计工作都能识别出企业的盈余操纵行为。审计质量越高，审计工作力度越强，企业盈余操纵被审计师发现的概率越大，由此可以得到更高的盈余质量（蔡春 等，2005）。在此笔者认为，当审计质量较高时，企业操纵年报外观呈现形式配合盈余操纵的空间受限。

本章参照蔡春 等（2005）和郭照蕊（2011）的研究，采用审计师是否来自中注协公布的十大会计师事务所为衡量审计质量高低的代理变量，进行分样本检验。

分组检验结果如表 5-18 的第(1)(2)列所示。检验结果看出年报由十大会计师事务所审计的企业样本中，da 系数虽为正值，但不显著；年报由十大会计师事务所审计的企业样本中，da 的系数为 0.145，在 1% 的水平下显著，说明企业年报中财务数据与年报外观呈现形式配合操纵的协同辅助效应受到审计质量的影响。

2. 分析师关注度

分析师在现代资本市场上扮演着会计信息使用者和提供者的双重角色。分析师通过搜集内外部公司信息，评价公司在市场上的生存能力和投资空间并生成分析师报告，从而在监督公司管理层的行为方面发挥潜在作用，能够抑制管理者的盈余管理行为。 方面，分析师对企业的初始信息进行解读与处理并对企业的股票进行评级与预测，可以增加股价的信息量，提高企业信息的透明度（Arya et al.，2007）。另一方面，根据有效监督假说，过高的分析师关注度会提高市场参与者对企业的敏感度与关注度，提高公众对企业的监管力度和企业的未来声誉风险，进而抑制管理层的不当操纵行为（李春涛 等，2014；李琳 等，2017）。故本章预期当分析师关注度较高时，企业利用年报外观呈现形式配合应计操纵的风险增大、空间减小，两者之间的协同效应较弱。

本章采用当期跟踪该企业的分析师团队数量作为分析师关注度，不单独计算分析师数量和分析团队汇总的成员数量。为对分析师关注度进行分样本检验，本章将分析师关注度进行 0-1 变量处理，即将大于样本观测值中位数的赋值为 1，否则为 0。分组检验结果如表 5-18 的第(3)(4)列所示。可以看出，分析师关注度较高的一组 da 系数虽为正值，但不显著；分析师关注度较低的一组 da 系数为 0.124，在 5% 的水平下显著。可见当分析师对企业关注程度较低时，更可能出现财务数据与外观呈现形式配合操纵的协同辅助效应。

表 5-18 基于外部监管环境的截面分析

变量名称	(1) 审计师为十大 *format*	(2) 审计师非十大 *format*	(3) 分析师关注度高 *format*	(4) 分析师关注度低 *format*
da	0.030 (0.59)	0.145*** (2.63)	0.029 (0.56)	0.124** (2.06)

续 表

变量名称	（1） 审计师为十大 *format*	（2） 审计师非十大 *format*	（3） 分析师关注度高 *format*	（4） 分析师关注度低 *format*
常　量	−13.440***	−20.265***	−16.301***	−18.567***
	（−6.23）	（−9.90）	（−6.77）	（−8.20）
控制变量效应	YES	YES	YES	YES
行业效应和年份效应	YES	YES	YES	YES
企业效应	YES	YES	YES	YES
样本量	8 414	6 515	8 634	6 295
组内 R^2	0.032	0.055	0.028	0.058

注：括号内为 t 值，*、**、*** 分别指在 10%、5%、1% 的统计性水平上显著。

3. 管理层薪酬

高管的机会主义行为效应对盈余管理的作用超过了利益趋同效应（Cheng et al., 2005；李延喜 等，2007），管理层激励与盈余管理水平存在正相关关系，即管理层激励不能有效抑制盈余管理行为，相反它却成为管理层调整节利润、增加自身薪酬水平的重要手段。由于管理层薪酬与会计业绩挂钩，管理层有动机采取使其薪酬最大化的盈余管理行为，从而进行选择性信息披露（王生年 等，2015）。可见，当管理层薪酬较高时，其为掩盖操纵会计应计盈余的行为对披露形式操纵的动机更强，两者的辅助协同效应也更为明显。

本章借鉴辛清泉 等（2009）、张娟 等（2014）的研究思路，高管报酬采用上市公司年薪最高的前三名高管人员的薪酬总额作为管理层薪酬的代理变量。按照管理层薪酬进行分样本检验，本章将管理层薪酬进行 0-1 变量处理，将大于样本观测值中位数的赋值为 1，否则为 0，分组检验结果如表 5-19 的第（1）（2）列所示。由检验结果可以看出，管理层薪酬较高的一组 da 的系数在 10% 的显著性水平下为正，管理层薪酬较低的一组 da 的系数则不显著，可知薪酬较高的管理层更有可能借助对年报外观呈现形式的操纵辅助并隐瞒投机性的应计操纵行为。

4. 两权分离度

在我国上市企业中,终极控股股东用较少股权控制企业的现象十分普遍,从而出现了两权分离问题(肖作平 等,2015)。拥有大量股权的投资者有强烈的动机来实现公司价值最大化,能够收集信息并监督管理者,因此可以帮助克服第一个委托代理问题,从而在一定程度上制约应计操纵。然而当终极控股股东的现金流权和控制权相分离时,可能导致实际控制人对企业价值的掏空,从而侵害中小股东利益(Claessens et al.,2002;Lemmon et al.,2003;苏启林 等,2003)。当两权分离程度越大时,终极控股股东的掏空动机越强(杨兴全 等,2011),他们更需要通过对年报外观呈现形式的操纵辅助盈余管理以掩饰掏空行为。

在此,将样本企业两权分离度进行 0-1 变量处理,即将大于样本观测值中位数的赋值为 1,否则为 0。检验结果如表 5-19 的第(3)(4)列所示。由检验结果可以看出,两权分离度较高的一组 da 的系数在 10% 的显著性水平下为正,两权分离度较低的一组 da 的系数则不显著;说明两权分离度较高时,更易出现应计操纵与披露形式操纵的辅助协同效应。

表 5-19 基于内部治理环境的截面分析

变量名称	(1) 管理层薪酬高 format	(2) 管理层薪酬低 format	(3) 两权分离度高 format	(4) 两权分离度低 format
da	0.106*	0.059	0.103*	0.037
	(1.93)	(1.12)	(1.90)	(0.75)
常 量	−15.901***	−16.276***	−13.915***	−16.009***
	(−6.89)	(−6.10)	(−6.21)	(−6.15)
控制变量效应	YES	YES	YES	YES
行业效应和年份效应	YES	YES	YES	YES
企业效应	YES	YES	YES	YES
样本量	7 655	7 274	7 115	7 814
组内 R^2	0.034	0.045	0.037	0.040

注:括号内为 t 值,*、**、*** 分别指在 10%、5%、1% 的统计性水平上显著。

5. 拓展性分析

本章在前文中参考王华杰 等(2018)讨论了企业是否进行应计操纵对年报外观呈现形式的影响,结果表明年报外观形式的确是应计盈余管理的辅助手段。即使是相同的正向应计盈余管理,操纵程度在企业间也存在一定差别,因此本章进一步讨论应计操纵水平同企业年报外观呈现形式的关系。与前文应计操纵的衡量方法一致,本章分别应用修正的 Jones 模型及 DD 模型衡量企业应计盈余管理水平 $da\_jones_{i,t}$ 和 $da\_dd_{i,t}$,将两者作为新的被解释变量带入模型(1)中,回归结果如表 5-20 所示。结果表明 da_jones 与 da_dd 均至少在 5% 的水平为正,说明应计操纵程度越大的企业会使用更多的外观呈现形式,也说明企业年报在相关制度规范下仍为管理层留下较大自由裁量空间。

表 5-20 企业应计操纵程度与年报外观呈现形式回归结果

变量名称	(1) format	(2) format
da_jones	0.532**	
	(2.29)	
da_dd		0.491***
		(3.27)
$cons$	−16.727***	−17.980***
	(−10.18)	(−9.77)
控制变量效应	YES	YES
行业效应和年份效应	YES	YES
企业效应	YES	YES
样本量	14 929	10 819
组内 R^2	0.039	0.032

注:括号内为 t 值,*、**、*** 分别指在 10%、5%、1% 的统计性水平上显著。

5.6.2 年报呈现形式与股票流动性

1. 信息透明度异质性

企业信息透明度是影响市场整体信息环境的重要因素,透明度的提高有助于提高投资者决策的准确性。在我国资本市场上,散户占比高达 85%,这类投资者在专业知识、信息搜集和信息处理方面能力相对较弱。当企业信息透明度较低时,他们很难从会计信息中获取决策有用的信息,降低了其对企业所披露的会计信息的利用率(唐雪松 等,2014),此时投资者在进行决策时除了对企业公开信息如年报进行分析外,会更多地依赖如证券分析师报告等市场中其他的信息源。

基于此,本章以微利指标作为上市公司信息透明度的度量。所谓微利是指企业虽然处于盈利状态,但是其数值正好处于盈亏边缘。目前对于微利现象出现的原因,学者普遍认可的是"盈余管理观",即微利是企业的主动选择,出于避免因连续亏损所导致的暂停上市、恶意收购及亏损所带来的较高融资成本等原因,企业会采用盈余管理手段来达到微利状态(许文瀚 等,2019)。微利企业通常被认为向上实施了盈余管理,表示管理层可能为了维持企业良好发展假象而进行了利润上的操纵,从而降低了企业信息披露的透明度。参照已有学者做法,若当年总资产报酬率 roa 处于 $0\sim0.01$ 之间,则企业处于微利状态,其信息透明度低,而处于非微利状态的企业则被划分为信息透明度高的一组,将分组结果带入模型(1)进行回归,结果如表 5-21 所示。

表 5-21 不同信息透明度回归结果

变量	信息透明度高			信息透明度低		
	(1)	(2)	(3)	(4)	(5)	(6)
	Amihud	attention	Amihud	Amihud	attention	Amihud
format	0.019***	0.201***	0.018***	0.001	0.227***	0.001
	(4.41)	(12.65)	(4.05)	(0.39)	(5.64)	(0.26)
attention			0.007***			0.002
			(3.28)			(0.85)

续 表

变量	信息透明度高			信息透明度低		
	(1)	(2)	(3)	(4)	(5)	(6)
	Amihud	attention	Amihud	Amihud	attention	Amihud
roe	−0.110***	1.526***	−0.121***	−0.377***	0.739	−0.378***
	(−4.81)	(18.41)	(−5.25)	(−2.81)	(0.49)	(−2.82)
bm	−0.238***	0.007	−0.239***	−0.032***	0.442***	−0.033***
	(−18.24)	(0.14)	(−18.25)	(−2.65)	(3.28)	(−2.71)
size	0.043***	0.763***	0.037***	0.027***	0.613***	0.026***
	(14.41)	(70.49)	(10.87)	(9.20)	(18.52)	(7.98)
lev	0.031**	−0.628***	0.035**	−0.029**	−0.697***	−0.027*
	(2.03)	(−11.39)	(2.32)	(−2.06)	(−4.49)	(−1.95)
vol	−25.859***	−12.088***	−25.770***	−2.304***	−4.574	−2.295***
	(−106.48)	(−13.68)	(−105.50)	(−6.10)	(−1.09)	(−6.07)
ln price	−0.017***	0.688***	−0.022***	0.006	0.575***	0.005
	(−3.79)	(42.85)	(−4.66)	(1.32)	(11.17)	(1.04)
dua	−0.002	0.081***	−0.002	−0.001	0.215***	−0.001
	(−0.33)	(4.21)	(−0.45)	(−0.15)	(3.86)	(−0.23)
board	−0.049***	0.093**	−0.050***	−0.006	0.173	−0.006
	(−3.92)	(2.02)	(−3.97)	(−0.54)	(1.47)	(−0.57)
tone	0.087***	1.994***	0.072**	0.040	1.293***	0.038
	(2.70)	(17.04)	(2.22)	(1.44)	(4.14)	(1.34)
big4	−0.063***	−0.125***	−0.062***	−0.014	0.280**	−0.015
	(−5.67)	(−3.07)	(−5.59)	(−1.34)	(2.32)	(−1.38)

续　表

变量	信息透明度高			信息透明度低		
	(1)	(2)	(3)	(4)	(5)	(6)
	Amihud	attention	Amihud	Amihud	attention	Amihud
roa_sd	0.485***	0.520**	0.482***	−0.106**	−0.014	−0.106**
	(8.07)	(2.38)	(8.01)	(−2.15)	(−0.03)	(−2.15)
行业效应	YES	YES	YES	YES	YES	YES
年份效应	YES	YES	YES	YES	YES	YES
常量	−0.070	−17.514***	0.058	−0.562***	−14.462***	−0.534***
	(−0.94)	(−64.85)	(0.70)	(−8.05)	(−18.59)	(−6.93)
样本量	15 216	15 216	15 216	1 677	1 677	1 677

注：括号内为 t 值，*、**、*** 分别指在 10%、5%、1% 的统计性水平上显著。

从回归结果可以看出，在信息透明度高的一组中，年报信息披露形式与股票流动性显著正相关，且分析师关注在两者关系中起部分中介作用。但在信息透明度低的一组中，并未发现年报信息形式质量与股票流动性之间的显著关系（0.001，t=0.385），表明在信息透明度较低的情况下，非知情交易者面临着较大的逆向选择成本，其在进行决策时受年报信息披露形式的影响较小。

2. 审计意见异质性

审计意见作为审计师开展审计活动的最终成果，能够反映企业的财务状况和经营业绩，具有一定的信息含量。审计师通过对企业财务信息的审核和鉴证，对投资风险发出预警，一定程度上起到了信息传递的作用（张立民 等，2017）。企业的利益相关者会对审计意见做出反应，如审计意见对上市公司股权融资、银行信贷融资等方面都具有影响（陈晓 等，2001；魏志华 等，2012）。若企业被出具标准无保留意见，则表示外部审计师对其财务报告真实性和公允性是予以认可的，将会增强各界对企业的信任程度；反之，若企业被出具了标准无保留审计意见以外的其他类型审计意见，则会导致市场投资者对企业做出不予信任的决策(张勇,2013)。被出具了非标准无保留审计意见的企业,投资者在进行投资决策时,可能会采取"一票否决"的方式,而受年报信息披露外观形式的影响较小。表5-22的回归结果证实了这一假设:被出具其他审计意见类型的企业,$format$的回归系数不显著(0.000,t=0.018),表明对于被出具非标准无保留审计意见的企业,其财务报告的真实性、公允性已经遭受质疑,投资者决策时会势必减少对财务报告的利用,对年报实质性的否定使得外观形式的呈现无论有效清晰与否,都将显得无足轻重。

表5-22 不同审计意见类型回归结果

变量	标准无保留审计意见			其他审计意见类型		
	(1)	(2)	(3)	(4)	(5)	(6)
	Amihud	attention	Amihud	Amihud	attention	Amihud
$format$	0.019***	0.209***	0.017***	0.000	0.089	0.001
	(4.66)	(13.83)	(4.26)	(0.02)	(0.95)	(0.04)
$attention$			0.007***			−0.006
			(3.57)			(−0.45)
roe	−0.147***	1.871***	−0.161***	−0.070	0.210	−0.068
	(−6.22)	(21.13)	(−6.72)	(−1.35)	(0.99)	(−1.32)
bm	−0.252***	0.045	−0.253***	−0.021	0.134	−0.020
	(−20.62)	(0.98)	(−20.65)	(−0.33)	(0.52)	(−0.32)
$size$	0.041***	0.754***	0.035***	0.060***	0.646***	0.064***
	(14.59)	(72.13)	(10.97)	(3.40)	(8.92)	(3.23)
lev	0.041***	−0.754***	0.046***	−0.061	−0.174	−0.062
	(2.91)	(−14.34)	(3.29)	(−0.98)	(−0.68)	(−1.00)
vol	−25.461***	−12.453***	−25.368***	−4.428***	−12.816*	−4.507***
	(−109.90)	(−14.35)	(−108.86)	(−2.73)	(−1.92)	(−2.76)

续 表

变量	标准无保留审计意见			其他审计意见类型		
	(1)	(2)	(3)	(4)	(5)	(6)
	Amihud	attention	Amihud	Amihud	attention	Amihud
ln$price$	−0.014***	0.697***	−0.020***	−0.015	0.844***	−0.010
	(−3.49)	(44.95)	(−4.48)	(−0.64)	(8.81)	(−0.37)
dua	−0.003	0.095***	−0.004	0.030	−0.072	0.029
	(−0.70)	(5.10)	(−0.85)	(1.02)	(−0.60)	(1.01)
$board$	−0.052***	0.100**	−0.052***	−0.003	−0.049	−0.003
	(−4.41)	(2.28)	(−4.48)	(−0.05)	(−0.21)	(−0.06)
$tone$	0.074**	1.906***	0.060**	0.150	2.285***	0.164
	(2.46)	(16.96)	(1.97)	(0.92)	(3.39)	(0.98)
$big4$	−0.061***	−0.085**	−0.060***	−0.108	−1.032**	−0.115
	(−5.85)	(−2.18)	(−5.79)	(−0.87)	(−2.00)	(−0.91)
roa_sd	0.508***	0.388*	0.505***	−0.006	0.183	−0.005
	(8.72)	(1.78)	(8.67)	(−0.04)	(0.27)	(−0.03)
行业效应	YES	YES	YES	YES	YES	YES
年份效应	YES	YES	YES	YES	YES	YES
常 量	−0.026	−17.278***	0.102	−1.220***	−15.321***	−1.314***
	(−0.38)	(−66.47)	(1.31)	(−3.11)	(−9.46)	(−2.94)
样本量	16 513	16 513	16 513	380	380	380
R^2	0.541	0.515	0.541	0.436	0.581	0.436

注：括号内为 t 值，*、**、*** 分别指在 10%、5%、1% 的统计性水平上显著。

3. 产权性质异质性

受政治环境和市场发展水平的影响，我国国有企业和非国有企业在社会关系、资金保障、资源获取等方面存在着较大的差异。国有企业不仅是市场主体还是一个行政主体,需要兼顾如税收、稳定就业、维持社会秩序等政治目标,这与非国有企业追求股东利益最大化目标是不同的(郑志刚,2015)。此外,国有企业中的"所有者缺位"使得企业无法获得良好的治理,从而导致了较差的绩效(刘大志,2010)。同时特殊的国有股权背景强化了国有企业与政府之间的联系,而政治关联被认为是企业的一项重要稀缺资源(刘欣 等,2017),导致国有企业在获取政府补贴、优惠政策、借贷款等资源时更为便捷。鉴于国有企业与非国有企业的诸多差异,投资者在进行投资决策时可能会综合考虑包括企业信息披露质量在内的各种因素,但不同因素对投资决策的影响程度存在差异。基于此将样本划分为国企、非国企进行回归。

从表 5-23 可以看出,无论是国有企业还是非国有企业,年报信息形式质量与股票流动性之间均存在着显著正相关关系。但在非国有企业中,分析师关注在年报信息形式质量与股票流动性关系中起着中介作用,而在国有企业中并未发现分析师中介效应的存在。这表明对于非国有企业,分析师所发布的研究报告能增加市场中与追踪企业相关的信息,降低信息不对称程度和逆向选择性,从而提高企业股票流动性;但对于国有企业,可能受到其属性因素的干扰与制约,分析师在信息补充和信息传播中所起的作用相对有限。

表 5-23 不同产权性质回归结果

变量	国 有 企 业			非 国 有 企 业		
	(1)	(2)	(3)	(4)	(5)	(6)
	Amihud	attention	Amihud	Amihud	attention	Amihud
format	0.007**	0.166***	0.007*	0.016***	0.153***	0.015**
	(1.97)	(7.28)	(1.87)	(2.70)	(7.70)	(2.55)
attention			0.002			0.006**
			(0.97)			(1.98)
roe	−0.057***	1.568***	−0.061***	−0.161***	1.437***	−0.169***
	(−2.67)	(12.13)	(−2.79)	(−5.17)	(13.76)	(−5.38)

续　表

变量	国有企业			非国有企业		
	(1)	(2)	(3)	(4)	(5)	(6)
	Amihud	attention	Amihud	Amihud	attention	Amihud
bm	−0.180***	0.160**	−0.181***	−0.223***	−0.054	−0.223***
	(−13.81)	(2.04)	(−13.83)	(−13.11)	(−0.94)	(−13.10)
size	0.032***	0.716***	0.030***	0.057***	0.822***	0.052***
	(11.71)	(43.64)	(9.62)	(13.78)	(59.10)	(11.01)
lev	0.044***	−0.604***	0.045***	0.010	−0.604***	0.013
	(3.14)	(−7.15)	(3.21)	(0.50)	(−9.16)	(0.67)
vol	−13.008***	−15.100***	−12.975***	−27.463***	−10.866***	−27.401***
	(−41.94)	(−8.10)	(−41.59)	(−93.75)	(−11.05)	(−93.03)
lnprice	−0.015***	0.784***	−0.016***	−0.015***	0.659***	−0.019***
	(−3.16)	(28.32)	(−3.30)	(−2.81)	(35.55)	(−3.30)
dua	0.003	0.103**	0.003	0.002	0.028	0.002
	(0.47)	(2.36)	(0.44)	(0.29)	(1.34)	(0.27)
board	−0.029**	0.249***	−0.030**	−0.043***	0.198***	−0.044***
	(−2.51)	(3.55)	(−2.56)	(−2.60)	(3.58)	(−2.67)
tone	−0.010	1.053***	−0.012	0.133***	2.250***	0.120***
	(−0.32)	(5.81)	(−0.40)	(3.19)	(16.09)	(2.85)
big4	−0.046***	−0.030	−0.046***	−0.053***	−0.168***	−0.052***
	(−5.66)	(−0.61)	(−5.65)	(−2.93)	(−2.76)	(−2.88)
roa_sd	0.081	0.022	0.081	0.488***	0.064	0.488***
	(1.11)	(0.05)	(1.11)	(6.74)	(0.27)	(6.74)

续 表

变量	国有企业			非国有企业		
	(1)	(2)	(3)	(4)	(5)	(6)
	Amihud	attention	Amihud	Amihud	attention	Amihud
行业效应	YES	YES	YES	YES	YES	YES
年份效应	YES	YES	YES	YES	YES	YES
常量	−0.249***	−16.924***	−0.212***	−0.327***	−18.579***	−0.221*
	(−3.86)	(−43.66)	(−2.84)	(−3.11)	(−52.74)	(−1.88)
样本量	5 646	5 646	5 646	10 949	10 949	10 949
R^2	0.319	0.581	0.319	0.582	0.511	0.582

注：括号内为 t 值，*、**、*** 分别指在 10％、5％、1％的统计性水平上显著。

5.7 结论与讨论

本章选取 2011—2019 年间中国 A 股上市公司为样本，首先探究企业应计操纵对企业年报外观呈现形式的影响，并检验盈余约束对此关系的调节作用；其次探讨了企业年报信息外观形式质量与股票流动性之间的关系，并且着重探讨了分析师关注在两者关系中所起到的中介作用，以及不同信息透明度、不同审计意见类型、不同产权性质对两者关系的调节作用。

本章得出的主要结论如下：① 企业的应计操纵和年报外观呈现形式操纵存在协同辅助效应，即企业信息提供者出于掩饰或隐瞒盈余操纵的目的，将借助年报外观呈现形式的表达优势操纵信息使用者的阅读认知。② 盈余管理约束会削弱企业应计操纵和年报外观呈现形式之间的协同辅助效应，即当企业的盈余管理活动受到限制时，管理层掩饰应计操纵的需求降低，也就不再需要财务数据与列报方式"打掩护"。③ 进一步研究发现上述协同辅助效应主要集中在非十大会计师事务所审计、分析师关注较低的外部监管环境及管理层薪酬较高、两权分离程度较高的内部治理环境下。④ 企业年报信息形式质量与股票流动性呈显著正相关关系，上市公司年报信息披露的外观形式越好，股票流动性越强。

⑤ 市场中分析师能够起到信息传递、降低信息不对称程度的作用。⑥ 在信息透明度水平较高、被出具标准无保留审计意见的企业中,企业年报信息形式质量对股票流动性的影响更为显著,而对于国有企业市场中分析师所起的信息传递作用有限。

第6章 研究结论与展望

6.1 研究结论

在资本市场改革深化、注册制推行的背景下,信息披露的重要性不断提升。高质量的信息披露不仅有利于规范上市公司行为,树立良好的公司形象,还有利于投资者做出理性投资决策,维护投资者合法权益,提升资本市场的效率。基于通信视角,信息的输入端和输出端都会影响信息质量,因此企业信息披露质量应当包括信息的内容质量和形式质量两个方面。同时从企业所披露的信息来看,传统的数字信息占报告的比例较低,文本特征及呈现形式方面的信息日益丰富,而现有文献在研究企业信息披露质量时,大多将视角集中在财务信息如盈余数字等信息的内容质量上,这为本书聚焦于非财务信息披露方面展开研究留下了较大的空间。

然而,由于非财务信息大多是自愿性披露,不必遵循标准化、定量化的规则,内容和形式均较为灵活,易被管理层操纵用于印象管理。出于自利动机,管理层会有意识地对信息进行选择处理,不仅误导投资者对于企业实际情况的印象,而且也违背了通过披露信息来降低信息不对称程度的初衷。对企业信息披露中印象管理行为的深入剖析有助于投资者甄别印象管理行为,做出理性的投资决策,同时也有助于规范上市公司行为,提升信息披露的质量,实现资本市场的健康发展。故而,本书从易读性、修辞语言表述、呈现形式三个信息披露的角度来深入剖析企业信息披露中的印象管理行为,并得出以下研究结论:

6.1.1 易读性

在信息披露的易读性层面,本书以我国 2007—2017 年企业中文年报为对象,首先,基于委托代理背景下的印象管理理论,从"驱动—约束—风格"三个维度分析易读性运用的影响因素,研究结果表明:① 企业绩效与易读性水平显著正相关,是易读性操纵的驱动因素。② 民营企业的盈利水平会显著驱动高管对易读性水平的操纵;而从长期公司价值的角度出发,不同所有制公司之间操纵的动机无显著差别。③ 我国公司治理水平对管理者操纵年报易读性的抑制作用较为有限,监事会规模能发挥有效作用;保持高管团队的多样性和专业程度,提高女性高管占比、高管团队年轻化、提高受教育程度均在提升年报易读性水平方面能够起到积极作用。

其次,从"改善"信息传递效率和"模糊"负面信息两个角度,分析企业在外部融资需求下的文本信息策略性披露。研究结果表明:① 融资需求与年报易读性水平显著正相关,并进一步基于"融资需求—代理成本—年报易读性"的作用路径进行检验,发现代理成本能够发挥部分中介作用,呈现出"正向治理"的效果。② 融资需求动机下,上市公司盈余管理策略运用和文本信息策略运用呈现出配合效应。③ 融资需求与年报易读性的正相关关系在非国有企业、市场化程度高的地区更为显著。

最后,以我国 2010 年 3 月放松卖空管制这一事件为准自然实验,采用多时点双重差分模型,检验卖空机制对于上市企业年报文本易读性的影响。研究结果表明:① 卖空机制带来的短期股价下行压力加剧了管理层的短视问题和机会主义行为,降低了年报文本易读性水平,支持了卖空"压力观"而非"约束观"。② 融资约束在卖空和易读性关系中起到正向调节的作用,审计质量在卖空和易读性关系中起到负向调节的作用。

6.1.2 修辞语言运用

在信息披露的修辞语言运用层面,本书针对社会责任报告这一叙述性文本披露领域,一方面,基于印象管理和委托代理理论,探讨社会责任信息披露中的修辞语言运用特征及其影响因素。研究结果表明:① 管理层在社会责任报告中运用了有偏的修辞语言,"乐观性"与"语气强度"与社会责任履行负相关,"确定性"与社会责任履行正相关。② 在自愿披露动机以及非国有企业产权特征下,这种有偏性更强。③ 有效的公司治理机制会对修辞语言的偏运用产生一定的制约作用,企业财务绩效在该制约过程中起到部分中介作用。

另一方面,本书以 2009—2018 年 A 股上市企业的社会责任报告为样本,通过构建语气强度和确定性两类修饰性指标，衡量企业社会责任报告中修饰语言运用程度。研究结果表明：① 我国社会责任报告中普遍存在通过运用语言修饰进行印象管理的现象，外部与内部利益相关者带来的压力对于语言修饰行为却分别存在不同的促进或抑制作用。② 进一步研究能够向利益相关者提供增量信息的分析师变量，发现内外部利益相关者的压力均会提高分析师对企业的关注度，进而产生对印象管理行为的抑制作用。③ 污染程度、产权性质以及年利润额不同的企业采取印象管理行为的表现也存在差异。

6.1.3 呈现形式

在信息披露的呈现形式层面，本书基于文本提取技术和图像识别技术对文本长度、图表、颜色等外观呈现形式数据加以计算机提取。一方面，探索企业应计操纵对年报外观呈现形式的影响，并检验盈余约束对此关系的调节作用。研究结果表明：① 企业年报外观呈现形式的使用对应计操纵存在协同辅助效应，而盈余管理约束将会削弱企业应计操纵与年报外观呈现形式的正相关关系。② 进一步研究表明，当审计师为十大会计师事务所、分析师关注度较高、管理层薪酬较低和两权分离度较低时，削弱了企业利用年报外观呈现形式配合应计操纵的协同效应，这说明外部监管环境和内部治理环境均会影响企业应计操纵和年报外观呈现形式之间的关系。

另一方面，本书以2011—2019年我国A股上市公司为研究对象，分析了年报信息披露形式对其股票流动性的影响，还探讨了分析师关注在两者关系中所起的中介作用，以及不同信息透明度、不同审计意见类型、不同产权性质对两者关系的调节作用。研究结果表明：① 年报信息形式质量与股票流动性显著正相关，且分析师关注在两者关系中起中介作用。② 年报信息披露形式与股票流动性的正相关关系在信息透明度高、被出具标准审计意见的企业中更为显著，而对非国有企业来说，分析师在降低信息不对称程度方面所起的作用有限。

6.2　启示与建议

本书从易读性、修辞语言运用、呈现形式三个层面剖析了企业信息披露中的印象管理行为，为促使我国未来信息披露质量的提高，本书基于上市公司自身、广大信息使用者、政策制定部门及监管部门角度，提出以下有针对性的建议。

（1）对于企业信息披露而言，一方面，企业能够通过多种途径提升披露文本的易读水平。如增加对披露内容的附注解释，减少复杂长句的使用，并辅以图示和注释等多形式辅助工具，增强文本易读性。企业可以追求完善信息披露的良性"策略"，在合规合法的自愿披露基础上，改善企业信息质量，降低代理成本。另一方面，本书的研究结果表明年报信息形式质量的提高可以降低信息不对称程度，帮助投资者准确有效地理解企业信息内容，从而促使其做出恰当决策。因此，企业在进行信息披露时，不仅要遵守会计准则和相关会计信息的加工处理规范，还应以特定的文本和多样化的呈现形式实现信息传递，即高质量的企业信息不仅要满足可靠性、相关性、谨慎性等内容质量方面的要求，还应依托准确、清晰和简明的形式，如此才能从整体上降低信息不对称程度，提高企业信息披露水平。

（2）对于企业治理而言，为了规避管理层出于自利动机进行"欺骗误导"性质的信息操纵行为，企业有必要增强公司治理结构的约束性，将监事会、独立董事等机制的作用落到实处，加强内部监督制衡机制，并在年报编撰内部审查阶段积极寻求监督机制的协助。合理的公司治理结构有利于对管理者的自利性行为进行一定程度的监管，有利于企业的长期稳固发展。

（3）对于广大信息使用者来说，除了确认企业基本面财务指标的盈利能力、偿债能力和成长能力等，还需要格外重视财务报告的文本信息状况和多种语言隐蔽手法，不可单单依赖于财务数据而孤立地进行决策。而应借助多方面信息渠道，全面充分地认识企业的实际经营与发展状况，正确识别可能存在的策略性披露行为，增强对于披露信息的甄别能力，避免因信息不对称而遭受重大损失。同时可以对不同企业的信息披露易读性进行对比分析，以提升决策的正确性和外部监督的有效性。

（4）对于监管部门而言，出台的新《证券法》关注到了文本信息披露的重要性。但同样需要引起监管部门警觉的是，相关法规不能仅仅是一纸空文。外部监管部门应加强对上市企业信息披露的约束，进一步强化审计师、分析师、媒体、政府、公众等外部压力发挥的积极作用，通过各利益相关方的关注来监督企业的信息披露行为。此外，监管部门还应重视对企业信息披露内容和质量的监管审查，制定相应披露准则和评价标准，提高并正确引导媒体和公众对企业信息披露质量的关注。在推进制度建设的同时，还需要加强针对文本信息操纵等违规违法行为的监管处罚力度，着力减少误导性陈述的信息操纵行为，防范信息披露违法者的机会主义心理,协同资本市场参与者共筑良好的市场监管体系。

(5)对于相关政策制定部门而言,新《证券法》《信息披露办法》等法律、制度的出台,进一步表明了企业信息披露在稳定市场、促进资源有效配置方面的重要性。虽然新出台的相关文件中已经开始对信息披露的形式进行规范,但是与形式有关的规定通常只是作为对内容规范的附属,且与此有关的规定不够明确,尚未形成系统完整的信息形式披露规范。本书的研究结论为政策制定部门完善相关信息披露政策提供了重要参考依据,即可以考虑引入"信息形式质量",对企业信息披露形式方面进行引导。

6.3　研究局限与展望

6.3.1　本书的不足之处

在信息披露的易读性层面,本书主要以改良后的通用性中文测度公式作为易读性指标的衡量方法,还无法有针对性地实现对会计专业术语等的统计分析。在信息披露的修辞语言运用层面,由于本书的样本对象是社会责任报告而非年报中的某些部分,披露内容和目的的差异造成本书提取的语义指标并非既往文献经常讨论的乐观性语义维度,而是语气强度和确定性的语调方式,因此使得结论与既往研究文献不完全具备可比性,在一定程度的理论基础上缺乏比较和借鉴。此外,在利益相关者界定方面,本书曾经尝试使用分维度的利益相关者指标或者各类公司治理的指标反映利益相关者压力。一方面,鉴于变量指标本身代表的准确性有待提高,另一方面,实证结果的影响方向也完全难以统一。这与利益相关者的界定、表达及其之间实际上的互动联系密切相关,因而本书在此仅仅区分了内外部利益相关者。

在信息披露的呈现形式层面,本书的研究局限性主要在于年报信息形式质量指标的构建方面。随着计算机技术的发展,使得企业各类报告中文本特征类、呈现形式类数据的大批量提取成为可能,如本书已通过 Python 爬虫技术实现了年报中页数、词语数、句子数、表格数量等指标的提取,并能够对年报封面色彩进行判断。但是本书所构建的年报信息形式质量指标是基于已获取的形式数据,而信息形式所包含的维度远远不止于页数、平均句长、表格数量、色彩四个维度,本书研究尚未考虑图像形式维度,如报告中照片、不同类型图形(柱状图、条形图、饼图、环形图)等信息形式的运用。在进行年报信息形式质量指标的构建时，本书参考已有学者的做法，将各形式维度指标标准化后相加得到本书的主要解释变量年报信息形式质量 Format 指标，未考虑到每个指标的权重，但是页数、平均句长、封面色彩、表格数量维度对投资者决策的影响程度是不同的，因而标准化后简单加总方法得到的 Format 指标存在着一定的局限性，可能会使研究结论产生偏差。

6.3.2 对未来研究的展望

第一，在未来研究中可以考虑纳入研读年报人员特征的衡量方式，如与整体判断法的读者打分相结合等，以使年报易读性的测度更贴合使用者的预期，更加贴切、完善地构建新的易读性测量指标，实现易读性衡量层面上的创新。

第二，文本语言特征给阅读者的心理、财务报告的使用者带来不同的感受，同时也受到诸多影响因素的联动影响。但是要在法律法规中进行具体的界定和规制，值得在未来的研究中进行深入的探讨。在当前日新月异的金融科技、风险监管等技术手段中，还需要将此类非结构化数据加以完备精准计量和分析，这也是各种法律法规能够实施监管规制的数据基础与前提。

第三，未来可以加强财务方面和计算机方面专家之间的联系和合作，充分利用双方的专业优势，借助机器学习方法实现对企业信息披露中的形式维度指标的大量提取，完善并拓展本书的研究维度。对此，还可以借助专家意见法等方法，确定各形式维度的权重，构建更为科学和准确的信息形式质量指标。

第四，未来可以进一步拓展信息形式质量的研究载体如企业社会责任报告、招股说明书等，因为投资者对不同信息载体的利用程度、参考重点不同；且各种载体中信息披露的形式存在着较大的差异，如企业社会责任报告相对于年报来说，会包含更多形式的图像，因此，未来可以针对不同的信息载体开展具体信息形式相关的研究。

第五，会计信息披露秉承着"实质重于形式"的原则，语义研究发展的成果则明确了"形式"也可以反映"实质"，甚至"形式"还能够配合着盈余操纵"改变实质"。会计信息质量内涵外延的不断拓展，却使得确保最根本的信息披露的真实性、客观性呈现出新的难度。当前，在审计监察和金融科技领域中大数据与人工智能的应用不断推陈出新，但其中是否能够和如何有效纳入相关语言特征乃至外观呈现形式的种种现象与数据，预测识别各种欺诈行为和操纵手段，也将是值得深入探索的研究方向。

# 参考文献 | References

白晓宇,2009.上市公司信息披露政策对分析师预测的多重影响研究[J].金融研究(4):92-112.

白重恩,刘俏,陆洲,宋敏,张俊喜,2005.中国上市公司治理结构的实证研究[J].经济研究(2):81-91.

蔡传里,许家林,2010.上市公司信息透明度对股票流动性的影响——来自深市上市公司2004~2006年的经验证据[J].经济与管理研究(8):88-96.

蔡春,黄益建,赵莎,2005.关于审计质量对盈余管理影响的实证研究——来自沪市制造业的经验证据[J].审计研究(2):3-10.

陈关亭,朱松,王思敏,2019.卖空机制与审计师选择——基于融资融券制度的证据[J].审计研究(5):68-76.

陈辉,汪前元,2013.信息传递、逆向选择与信息效率——对我国证券分析师作用的实证考察[J].中南财经政法大学学报(3):107-114.

陈晓,王鑫,2001.股票市场对保留审计意见报告公告的反应[J].经济科学(3):78-89.

褚剑,方军雄,2016.中国式融资融券制度安排与股价崩盘风险的恶化[J].经济研究,51(5):143-158.

方军雄,2007.我国上市公司信息披露透明度与证券分析师预测[J].金融研究(6):136-148.

傅超,吉利,2017.诉讼风险与公司慈善捐赠——基于"声誉保险"视角的解释[J].南开管理评论,20(2):108-121.

葛家澍,王亚男,2011.论会计信息的可理解性——国际比较、影响因素与对策

[J].厦门大学学报(哲学社会科学版)(5):26-33.

顾曰国,1992.礼貌、语用与文化[J].外语教学与研究(4):10-17+80.

郭照蕊,2011.国际四大与高审计质量——来自中国证券市场的证据[J].审计研究(1):98-107.

韩国文,谢帆,陆菊春,2012.盈余管理和市场流动性的关系——基于深圳A股市场的实证研究[J].北京理工大学学报(社会科学版),14(5):19-24+31.

韩少真,潘颖,张晓明,2015.公司治理水平与经营业绩——来自中国A股上市公司的经验证据[J].中国经济问题(1):50-62.

何进日,武丽,2006.信息披露制度变迁与欺诈管制[J].会计研究(10):18-22+95.

何瑛,张大伟,2015.管理者特质、负债融资与企业价值[J].会计研究(8):65-72.

贺学会,李琛,徐寿福,徐龙炳,2016."对手"还是"队友":盈余管理语境中的卖空者和监督者[J].财贸经济(6):67-81.

黄超,王敏,2019.管理层利用年报语调配合盈余管理了吗?[J].当代经济管理,41(6):90-97.

黄艺翔,姚铮,2016.企业社会责任报告、印象管理与企业业绩[J].经济管理(1):105-115.

吉利,张正勇,毛洪涛,2013.企业社会责任信息质量特征体系构建——基于对信息使用者的问卷调查[J].会计研究(1):50-56.

吉利,张丽,田静,2016.我国上市公司社会责任信息披露可读性研究——基于管理层权力与约束机制的视角[J].会计与经济研究,30(1):21-33.

江媛,王治,2018.董事会报告可读性、制度环境与股权资本成本[J].财经理论与实践,39(5):88-94.

姜付秀,伊志宏,苏飞,黄磊,2009.管理者背景特征与企业过度投资行为[J].管理世界(1):130-139.

李春涛,刘贝贝,周鹏,2017.卖空与信息披露:融券准自然实验的证据[J].金融研究(9):130-145.

李春涛,宋敏,张璇,2014.分析师跟踪与企业盈余管理——来自中国上市公司的证据[J].金融研究(7):124-139.

李春涛,赵一,徐欣,等,2016.按下葫芦浮起瓢:分析师跟踪与盈余管理途径选择[J].金融研究(4):144-157.

李丹蒙,2007.公司透明度与分析师预测活动[J].经济科学(6):107-117.

李红,王建琼,屠嘉,2009.管理层印象管理行为与企业社会责任信息披露[J].财会通讯(21):144-146+161.

李慧云,刘镝,2016.市场化进程、自愿性信息披露和权益资本成本[J].会计研究(1):71-78+96.

李琳,张敦力,2017.分析师跟踪、股权结构与内部人交易收益[J].会计研究(1):53-60.

李姝,赵颖,童婧,2013.社会责任报告降低了企业权益资本成本吗?——来自中国资本市场的经验证据[J].会计研究(9):64-70+97.

李文华,2015.我国上市公司信息披露违法违规监管执法问题研究[J].西南金融(1):56-60.

李新颖,2019.上市公司会计信息披露违规情况分析——以太化股份为例[J].财会通讯(31):16-20.

李延喜,包世泽,高锐,等,2007.薪酬激励、董事会监管与上市公司盈余管理[J].南开管理评论(6):55-61.

李正,向锐,2007.中国企业社会责任信息披露的内容界定、计量方法和现状研究[J].会计研究(7):3-11+95.

李志生,陈晨,林秉旋,2015.卖空机制提高了中国股票市场的定价效率吗?——基于自然实验的证据[J].经济研究,50(4):165-177.

林琳,潘琰,2015.上市公司互联网投资者关系管理存在印象管理行为吗[J].当代财经(5):119-128.

刘大志,2010.股权结构对并购绩效的影响——基于中国上市公司实证分析[J].财务与金融(3):17-23.

刘慧龙,王成方,吴联生,2014.决策权配置、盈余管理与投资效率[J].经济研究,49(8):93-106.

刘西友,韩金红,2012.上市公司社会责任履行度与高管激励研究[J].山西财经大学学报,34(5):79-86.

刘欣,李颖,2017.国家持股对企业创新绩效影响研究[J].软科学,31(8):119-122+128.

柳宇燕,张鼎祖,2019.政府财务报告图像印象管理策略研究——基于美国州政府财务年报的调查[J].会计研究(7):75-81.

罗进辉,彭逸菲,陈一林,2020.年报篇幅与公司的权益融资成本[J].管理评论,32(1)：235-245.

罗炜,朱春艳,2010.代理成本与公司自愿性披露[J].经济研究,45(10)：143-155.

马长峰,陈志娟,张顺明,2020.基于文本大数据分析的会计和金融研究综述[J].管理科学学报,23(9)：19-30.

梅跃碧,2009.从印象管理管窥社会责任信息披露质量[J].会计之友(中旬刊)(2)：99-100.

孟庆涛,2009.英汉语用礼貌原则跨文化交际运用探析[J].现代语文：语言研究版(2)：109-110.

齐灶娥,2017.刍议我国上市公司年度报告披露准则的变迁[J].时代经贸(9)：10-11.

仕宏达,土垠,2019.产品市场竞争与信息披露质量——基于上市公司年报文本分析的新证据[J].会计研究(3)：32-39.

苏启林,朱文,2003.上市公司家族控制与企业价值[J].经济研究(8)：36-45.

孙蔓莉,2004a.上市公司年报的可理解性研究[J].会计研究(12)：23-28+97.

孙蔓莉,2004b.论上市公司信息披露中的印象管理行为[J].会计研究(3)：40-45.

孙文章,2019.董事会秘书声誉与信息披露可读性——基于沪深A股公司年报文本挖掘的证据[J].经济管理,41(7)：136-153.

孙铮,刘凤委,李增泉,2005.市场化程度、政府干预与企业债务期限结构——来自我国上市公司的经验证据[J].经济研究(5)：52-63.

唐雪松,林雁,2014.股市传闻、会计信息透明度与散户认知负向偏差——一项实验研究[J].财经研究,40(5)：31-41.

汪弘,罗党论,林东杰,2013.行业分析师的研究报告对投资决策有用吗?——来自中国A股上市公司的经验证据[J].证券市场导报(7)：36-43.

王春峰,孙金帅,房振明,梅世强,2012.上市公司会计信息质量对市场流动性的影响[J].证券市场导报(12)：55-60.

王华杰,王克敏,2018.应计操纵与年报文本信息语气操纵研究[J].会计研究(4)：45-51.

王克敏,王华杰,李栋,等,2018.年报文本信息复杂性与管理者自利——来自中国上市公司的证据[J].管理世界,34(12)：120-132.

王生年,尤明渊,2015.管理层薪酬激励能提高信息披露质量吗?[J].审计与经济研究,30(4):22-29.

王维虎,李娟,2012.上市公司会计信息披露中印象管理行为研究[J].山东财政学院学报(1):54-58+120.

王新,李彦霖,李方舒,2015.企业社会责任与经理人薪酬激励有效性研究——战略性动机还是卸责借口?[J].会计研究(10):51-58+97.

王运陈,贺康,万丽梅,谢璇,2020.年报可读性与股票流动性研究——基于文本挖掘的视角[J].证券市场导报(7):61-71.

王仲兵,王攀娜,2018.放松卖空管制与企业投资效率——来自中国资本市场的经验证据[J].会计研究(9):80-87.

魏锋,刘星,2004.融资约束、不确定性对公司投资行为的影响[J].经济科学,19(2):35-43.

魏明海,雷倩华,2011.公司治理与股票流动性[J].中山大学学报(社会科学版),51(6):181-191.

魏志华,王贞洁,吴育辉,李常青,2012.金融生态环境、审计意见与债务融资成本[J].审计研究(3):98-105.

温忠麟,张雷,侯杰泰,刘红云,2004.中介效应检验程序及其应用[J].心理学报(5):614-620.

吴淑琨,柏杰,席酉民,1998.董事长与总经理两职的分离与合一——中国上市公司实证分析[J].经济研究(8):21-28.

肖作平,尹林辉,2015.终极所有权性质与股权融资成本——来自中国证券市场的经验证据[J].证券市场导报(7):13-23.

谢德仁,林乐,2015.管理层语调能预示公司未来业绩吗?——基于我国上市公司年度业绩说明会的文本分析[J].会计研究(2):20-27+93.

辛清泉,谭伟强,2009.市场化改革、企业业绩与国有企业经理薪酬[J].经济研究,44(11):68-81.

徐朝辉,周宗放,2016.融资需求驱动下的盈余管理对公司信用风险的影响研究[J].管理评论,28(7):12-21.

许文瀚,朱朝晖,2019.上市公司"微盈利"现象、盈余管理与年报可理解性[J].首都经济贸易大学学报,21(2):93-103.

阎达五,孙蔓莉,2002.深市B股发行公司年度报告可读性特征研究[J].会计研究(5):10-17.

杨伯坚,2012.企业社会责任、公司治理和公司业绩[J].经济经纬(3):95-99.

杨继伟,汪戎,陈红,2012.债权治理与盈余质量:来自中国证券市场的经验证据[J].管理评论,24(9):75-82.

杨棉之,谢婷婷,孙晓莉,2015.股价崩盘风险与公司资本成本——基于中国A股上市公司的经验证据[J].现代财经(天津财经大学学报),35(12):41-51.

杨兴全,曾义,2011.控股股东两权分离、过度投资与公司价值[J].江西财经大学学报(1):24-30.

杨兴哲,周翔翼,2020.治理效应抑或融资效应?股票流动性对上市公司避税行为的影响[J].会计研究(9):120-133.

叶陈刚,裘丽,张立娟,2016.公司治理结构、内部控制质量与企业财务绩效[J].审计研究(2):104-112.

俞静,关海燕,2018.分析师关注度下股票流动性与创新投入[J].武汉理工大学学报(信息与管理工程版),40(4):471-475.

张爱卿,师奕,2018.上市公司的社会责任绩效与个人投资者投资意向——基于财务绩效调节作用的一项实验研究[J].经济管理,40(2):72-88.

张娟,黄志忠,2014.高管报酬、机会主义盈余管理和审计费用——基于盈余管理异质性的视角[J].南开管理评论,17(3):74-83.

张立民,李琰,2017.持续经营审计意见、公司治理和企业价值——基于财务困境公司的经验证据[J].审计与经济研究,32(2):13-23.

张秀敏,汪瑾,薛宇,等,2016.语义分析方法在企业环境信息披露研究中的应用[J].会计研究(1):87-94+96.

张秀敏,杨连星,高云霞,刘星辰,2019.什么影响了社会责任报告中修辞语言的运用?[J].会计研究(7):20-26.

张璇,周鹏,李春涛,2016.卖空与盈余质量——来自财务重述的证据[J].金融研究(8):175-190.

张学勇,廖理,2010.股权分置改革、自愿性信息披露与公司治理[J].经济研究 45(4):28-39+53.

张勇,2013.信任、审计意见与商业信用融资[J].审计研究(5):72-79.

张兆国,刘永丽,谈多娇,2011.管理者背景特征与会计稳健性——来自中国上市公司的经验证据[J].会计研究(7):11-18.

张峥,李怡宗,张玉龙,刘翔,2013.中国股市流动性间接指标的检验——基于买卖价差的实证分析[J].经济学(季刊)(4):233-262.

张正勇,吉利,毛洪涛,2012.公司社会责任信息披露与经济动机研究——来自中国上市公司社会责任报告的经验证据[J].证券市场导报(7):16-23.

张正勇,李玉,2018.高管减持、信息环境与社会责任报告印象管理——来自重污染行业上市公司的经验证据[J].财会月刊(4):21-26.

张正勇,邱佳涛,2017a.会计稳健性、公司治理与社会责任报告印象管理[J].财经理论与实践,38(3):77-83.

张正勇,濮飞燕,2017b.公司战略影响社会责任绩效吗?——基于融资需求的角度[J].山东财经大学学报,29(4):11-20.

赵息,许宁宁,2013.管理层权力、机会主义动机与内部控制缺陷信息披露[J].审计研究(4):101-109.

赵玉洁,2013.法律环境、分析师跟进与盈余管理[J].山西财经大学学报,35(1):73-83.

郑志刚,2015.国企公司治理与混合所有制改革的逻辑和路径[J].证券市场导报(6):4-12.

周方召,钱韵,2015.金融危机期间银行的公司治理与绩效关系[J].金融论坛20(8):27-37+65.

周宏,周畅,林晚发,李国平,2018.公司治理与企业债券信用利差——基于中国债券2008—2016的经验证据[J].会计研究(5):59-66.

朱松,2011.企业社会责任、市场评价与盈余信息含量[J].会计研究(11):27-34+92.

Abrahamson E, Park C, 1994. Concealment of negative organizational outcomes: an agency theory perspective [J]. Academy of management journal, 37(5): 1302-1334.

Alsharairi M, Salama A, 2012. Does high leverage impact earnings management? evidence from non-cash mergers and acquisitions[J]. Journal of financial and economic practice, 12(1): 17-33.

Amihud Y, Mendelson H, 1986. Asset pricing and the bid-ask spread[J]. Journal of financial economics, 17(2): 223-249.

Amir E, Lev B, 1996. Value-relevance of nonfinancial information: the wirless communications industry[J]. Journal of accounting and economics, 22(1 - 3): 3 - 30.

Arslan-Ayaydin Ö, Boudt K, Thewissen J, 2016. Managers set the tone: equity incentives and the tone of earnings press releases[J]. Journal of banking and finance, 72(Supplement): 132 - 147.

Arya A, Mittendorf B, 2007. The interaction among disclosure, competition between firms, and analyst following[J]. Journal of accounting and economics, 43(2 - 3): 321 - 339.

Asay H S, Elliott W B, Rennekamp K M, 2017. Disclosure readability and the sensitivity of investors' valuation judgments to outside information[J]. Accounting review, 92(4): 1 - 25.

Baber W R, Kang S H, Li Y, 2011. Modeling discretionary accrual reversal and the balance sheet as an earnings management constraint[J]. Accounting review, 86(4): 1189 - 1212.

Baiman S, 1990. Agency research in managerial accounting: a second look[J]. Accounting, organizations and society, 15(4): 341 - 371.

Barkemeyer R, Comyns B, Figge F, et al., 2014. CEO statements in sustainability reports: substantive information or background noise[J]. Accounting forum, 38(4): 241 - 257.

Baron R M, Kenny D A, 1986. The moderator-mediator variables distinction in social psychological research: conceptual, strategic, and statistical considerations[J]. Journal of personality and social psychology, 51(6): 1173 - 1182.

Beattie V, Michael-John J, 2002. Measurement distortion of graphs in corporate reports: an experimental study[J]. Accounting, auditing & accountability journal, 15(4): 546 - 564.

Benbasat I, Albert-S D, 1986. An investigation of the effectiveness of color and graphical information presentation under varying time constraints[J]. MIS quarterly, 10(1): 59 - 83.

Bloomfield R J, 2002. The "incomplete revelation hypothesis" and financial reporting[J]. Accounting horizons, 16(3): 985 - 988.

Bloomfield R, 2008. Discussion of "annual report readability, current earnings, and earnings persistence"[J]. Journal of accounting and economics, 45(2-3): 248-252.

Blundell R, Bond S R, 1998. Initial conditions and moment restrictions in dynamic panel data models[J]. Journal of econometrics, 87(1): 115-143.

Bonsall S B, Miller B P, 2017. The impact of narrative disclosure readability on bond ratings and the cost of debt[J]. Review of accounting studies, 22(2): 608-643.

Brennan N M, Merkl-Davies D M, 2014. Rhetoric and argument in social and environmental reporting: the dirty laundry case[J]. Accouting, auditing & accountability, 27(4): 602-633.

Brown L D, Caylor M L, 2006. Corporate governance and firm valuation [J]. Social science electronic publishing, 25(4): 409-434.

Callan S J, Thomas J M, 2011. Executive compensation, corporate social responsibility, and corporate financial performance: a multi-equation framework [J]. Corporate social responsibility & environmental management, 18(18): 332-351.

Chen Y, Ge R, Louis H, et al., 2019. Stock liquidity and corporate tax avoidance[J]. Review of accounting studies, 24(1): 309-340.

Cheng Q, Warfield T D, 2005. Equity incentives and earnings management [J]. The accounting review, 80(2): 441-476.

Cho C H, Roberts R W, Patten D M, 2010. The language of US corporate environmental disclosure[J]. Accounting, organizations and society, 35(4): 431-443.

Claessens S, Djankov S, Fan J, et al., 2002. Disentangling the incentive and entrenchment effects of large shareholdings[J]. The journal of finance, 57(6): 2741-2771.

Clarkson P M, Li Y, Richardson G D, et al., 2008. Revisiting the relation between environmental performance and environmental disclosure: an empirical analysis [J]. Accounting, organizations and society, 33(4): 303-327.

Clatworthy M, Jones M J, 2001. The effect of thematic structure on the variability of annual report readability [J]. Accounting, auditing & accountability journal, 14(3): 311-326.

Cohen L, Diether K B, Malloy C J, 2007. Supply and demand shifts in the shorting market[J]. The journal of finance, 62(5): 2061-2096.

Courtis J-K, 2004. Colour as visual rhetoric in financial reporting [J]. Accounting forum, 28(3): 265-281.

Das S, Kim K, Patro S, 2011. An analysis of managerial use and market consequences of earnings management and expectation management[J]. The accounting review, 86(6): 1935-1967.

De Angelis D, Grullon G, Michenaud S, 2017. The effects of short-selling threats on incentive contracts: evidence from an experiment[J]. Review of financial studies, 30(5): 1627-1659.

Dechow P M, Dichev I D, 2002. The quality of accruals and earnings: the role of accrual estimation errors[J]. The accounting review, 77(s-1): 5-31.

Dechow P M, Skinner D J, 2000. Earnings management: reconciling the views of accounting academics, practitioners, and regulators [J]. Accounting horizons, 14(2): 235-250.

Dechow P M, Sloan R G, Hutton A P, 1995. Detecting earnings management [J]. The accounting review, 70(2): 193-225.

Dyreng S D, Hanlon M, Maydew E L, 2010. The effects of executives on corporate tax avoidance[J]. Accounting review, 85(4): 1163-1189.

Ertugrul M, Lei J, Qiu J, Wan C, 2017. Annual report readability, tone ambiguity, and the cost of borrowing [J]. Journal of financial and quantitative analysis, 52(2): 811-836.

Fang V W, Huang A H, Karpoff J M, 2016. Short selling and earnings management: a controlled experiment[J]. The journal of finance, 71(3): 1251-1293.

Feldman R, Govindaraj S, Livnat J, et al., 2010. Management's tone change, post earnings announcement drift and accruals[J]. Review of accounting studies, 5(4): 915-953.

Flammer C, 2013. Corporate social responsibility and shareholder reaction: the environmental awareness of investors[J]. Academy of management journal, 56(3): 758-781.

Franco D G, Hope O K, Vyas D, et al., 2015. Analyst report readability [J]. Contemporary accounting research, 32(1): 76-104.

Godfrey J, Mather P, Ramsay A, 2003. Earnings and impression management in financial reports: the case of CEO changes[J]. Abacus, 39(1): 95-123.

Goyenko R Y, Holden C W, Trzcinka C A, 2009. Do liquidity measures measure liquidity? [J]. Journal of financial economics, 92(2): 153-181.

Habbash M, 2017. Corporate governance and corporate social responsibility disclosure: evidence from Saudi Arabia[J]. International journal of coporate strategy and social responsibility, 1(2): 161-178.

Hambrick D C, Mason P A, 1984. Upper echelons: the organization as a reflection of its top managers[J]. Academy of management review, 9(2): 193-206.

Heflin F, Shaw K W, Wild J J, 2000. Disclosure quality and market liquidity [J/OL]. SSRN Electronic Journal(4): 1-23. [2022-03-24]. DOI: 10.2139/ssrn.251849.

Henry E, 2008. Are investors influenced by how earnings press releases are written? [J]. The journal of business communication, 45(4): 363-407.

Hirst E, 1994. Auditor sensitivity to earnings management[J]. Contemporary accounting research, 11(1): 405-422.

Hsieh C C, Hui K W, Zhang Y, 2016. Analyst report readability and stock returns[J]. Journal of business finance & accounting, 43(1-2): 98-130.

Huang X, Teoh S H, Zhang Y, 2014. Tone management[J]. The accounting review, 89(3): 1083-1113.

Hwang B H, Kim H H, 2017. It pays to write well[J]. Journal of financial economics, 124(2): 373-394.

Inger K K, Meckfessel M D, Zhou M, Fan W G, 2018. An examination of the impact of tax avoidance on the readability of tax footnotes[J]. The journal of the american taxation association, 40(1): 1-29.

Jensen M C, Meckling W H, 1976. Theory of the firm: managerial behavior, agency costs and ownership structure[J]. Journal of financial economics, 3(4): 305-360.

Jiang F, Lee J, Martin X, et al., 2019. Manager sentiment and stock returns [J]. Journal of financial economics, 132(1): 126-149.

Jiang L, Pittman J, Saffar W. Polity uncertainty and textual disclosure [R/OL]. (2017-08-09) [2022-03-05]. https://dx.doi.org/10.2139/ssrn.3015420.

Jones M J, 1996. Comments on readability of annual reports: western versus Asian evidence [J]. Accounting, auditing and accountability journal, 9(2): 86-91.

Jones M J, 2011. The nature, use and impression management of graphs in social and environmental accounting[J]. Accounting forum, 35(2): 75-89.

Karpoff J M, Lou X, 2010. Short sellers and financial misconduct[J]. The journal of finance, 65(5): 1879-1913.

Kelton A S, Yang Y, 2008. The impact of corporate governance on internet financial reporting[J]. Journal of accounting and public policy, 27(1): 62-87.

Khan A, Muttakin M B, Siddiqui J, 2013. Corporate governance and corporate social responsibility disclosures: evidence from an emerging economy [J]. Journal of business ethics, 114(2): 207-223.

Kim C, Wang K, Zhang L, 2019. Readability of 10-K reports and stock price crash risk[J]. Contemporary accounting research, 36(2): 1184-1216.

Kim J B, Zhang L, 2014. Financial reporting opacity and expected crash risk: evidence from implied volatility smirks [J]. Contemporary accounting research, 31(3): 851-875.

Kim O, Verrecchia R E, 1991. Trading volume and price reactions to public announcements[J]. Journal of accounting research, 29(2): 302-321.

Kothari S P, Li X, Short J E, 2009. The effect of disclosures by management, analysts, and business press on cost of capital, return volatility, and analyst forecasts: a study using content analysis[J]. The accounting review, 84(5): 1639-1670.

Lang M, Lundholm R, 1996. The relation between security returns, firm earnings, and industry earnings[J]. Contemporary accounting research, 13(2): 607-629.

Lee J, Park J, 2019. The impact of audit committee financial expertise on management discussion and analysis (MD&A) tone[J]. European accounting review, 28(1): 129-150.

Lehavy R, Li F, Merkley K, 2011. The effect of annual report readability on analyst following and the properties of their earnings forecasts[J]. The accounting review, 86(3): 1087-1115.

Lemmon M L, Lins K V, 2003. Ownership structure, corporate governance, and firm value: evidence from the east asian financial crisis[J]. The journal of finance, 58(4): 1445-1468.

Leung S, Parker L, Courtis J, 2015. Impression management through minimal narrative disclosure in annual reports[J]. British accounting review, 47(3): 275-289.

Li F, Lundholm R, Minnis M, 2011. The impact of perceived competition on the profitability of investments and future stock returns[R/OL]. (2011-02-01)[2020-02-23]. https://utah-wac.org/2011/Papers/lundholm_UWAC.pdf.

Li F, 2008. Annual report readability, current earnings, and earnings persistence[J]. Journal of accounting & economics, 45(2-3): 221-247.

Li Y, He J, Xiao M, 2019. Risk disclosure in annual reports and corporate investment efficiency[J]. International review of economics & finance(63): 138-151.

Li Y, Zhang L, 2015. Short selling pressure, stock price behavior, and management forecast precision: evidence from a natural experiment[J]. Journal of accounting research, 53(1): 79-117.

Lim E K, Chalmers K, Hanlon D, 2018. The influence of business strategy on annual report readability[J]. Journal of accounting and public policy, 37(1): 65-81.

Liu X, Zhang C, 2017. Corporate governance, social responsibility information disclosure, and enterprise value in China[J]. Journal of cleaner production, 142(Part 2): 1075–1084.

Lo K, Ramos F, Rogo R, 2017. Earnings management and annual report readability[J]. Journal of accounting and economics, 63(1): 1–25.

Lobo G J, Song M, Stanford M, 2012. Accruals quality and analyst coverage [J]. Journal of banking & finance, 36(2): 497–508.

MacKay D, Villarreal A, 1987. Performance differences in the use of graphic and tabular displays of multivariate data[J]. Decision sciences, 18(4): 535–546.

Massa M, Zhang B, Zhang H, 2015. The invisible hand of short selling: does short selling discipline earnings management? [J]. The review of financial studies, 28(6): 1701–1736.

Melloni G, Caglio A, Perego P, 2017. Saying more with less? disclosure conciseness, completeness and balance in integrated reports[J]. Social science electronic publishing(36): 220–238.

Merkl-Davies D M, Brennan N M, 2007. Discretionary disclosure strategies in corporate narratives: incremental information or impression management [J]. Social science electronic publishing, 26(3): 116–196.

Miller B P, 2010. The effects of reporting complexity on small and large investor trading[J]. The accounting review, 85(6): 2107–2143.

Mitchell M, Stafford P E, 2004. Price pressure around mergers[J]. The journal of finance, 59(1): 31–63.

Moreno A, Casasola A, 2016. A readability evolution of narratives in annual reports: a longitudinal study of two spanish companies[J]. Journal of business and technical communication, 30(2): 202–235.

Ng J, Wu H, Zhai W, et al., 2021. The effect of shareholder activism on earnings management: evidence from shareholder proposals[J/OL]. Journal of corporate finance, 2021, 69(C): 102014[2022–10–13]. Doi://http://dx.doi.org/10.1016/j.jcorpfin.2021.102014.

Odriozola M D, Baraibar-Diez E, 2017. Is corporate reputation associated with quality of CSR reporting? evidence from spain[J]. Corporate social responsibility & environmental management, 24(2): 121-132.

Patelli L, Pedrini M, 2014. Is the optimism in CEO's letters to shareholders sincere? impression management versus communicative action during the economic crisis[J]. Journal of business ethics, 124(1): 19-34.

Penrose J-M, 2008. Annual report graphic use: a review of the literature [J]. The journal of business communication, 45(2): 158-180.

Platonova M, 2016. Applying emotive rhetorical strategy to environmental communication in english and latvian[J]. Procedia—social and behavioral sciences, 236(4): 107-113.

Pownall G, Simko P J, 2005. The information intermediary role of short sellers[J]. Accounting review, 80(3): 941-966.

Preston L E, O'Bannon D P, 1997. The corporate social-financial performance relationship[J]. Business and society(36): 5-31.

Raith M, 2003. Competition, risk, and managerial incentives[J]. American economic review, 93(4): 1425-1436.

Rennekamp K, 2012. Processing fluency and investors' reactions to disclosure readability[J]. Journal of accounting research, 50(5): 1319-1354.

Rogers J L, Buskirk A V, Zechman S L C, 2011. Disclosure tone and shareholder litigation[J]. Accounting review, 86(6): 2155-2183.

Roodman D, 2009. An introduction to difference and system GMM in stata [J]. The stata journal, 1(9): 86-136.

Roychowdhury S, 2006. Earnings management through real activities manipulation[J]. Journal of accounting and economics, 42(3): 335-370.

Rutherford B A, 2003. Obfuscation, textual complexity and the role of regulated narrative accounting disclosure in corporate governance[J]. Journal of management and governance, 7(2): 187-210.

Saffi P A C, Sigurdsson K, 2011. Price efficiency and short selling[J]. Review of financial studies, 24(3): 821-852.

Stanton P, Stanton J, Pires G, 2004. Impressions of an annual report: an experimental study[J]. Corporate communications: an international journal, 9(1): 57-69.

Shleifer A, Vishny R W, 1997. A survey of corporate governance[J]. The journal of finance, 52(2): 737 – 783.

Subramanian R, Insley R G, Blackwell R D, 1993. Performance and readability: a comparison of annual reports of profitable and unprofitable corporations[J]. The journal of business communication, 30(1): 49 – 61.

Sydserff R, Weetman P, 2002. Developments in content analysis: a transitivity index and DICTION scores[J]. Accounting, auditing and accountability journal, 15(4): 523 – 545.

Vessey I, 1991. Cognitive fit: a theory - based analysis of the graphs versus tables literature[J]. Decision sciences, 22(2): 219 – 240.

Villiers C, Staden C J V, 2011. Where firms choose to disclose voluntary environmental information[J]. Journal of accounting and public policy, 30(6): 504 – 525.

Vroom V, Pahl B, 1971. Relationship between age and risk-taking among managers[J]. Journal of applied psychology, 55(4): 399 – 405.

Wang Z, Hsieh T S, Sarkis J, 2018. CSR performance and the readability of CSR reports: too good to be true? [J]. Corporate social responsibility & environmental management, 25(1): 66 – 79.

You H, Zhang X, 2009. Financial reporting complexity and investor underreaction to 10-K information[J]. Review of accounting studies, 14(4): 559 – 586.

Yuthas K, Rogers R, Dillard J F, 2002. Communicative action and corporate annual reports[J]. Journal of business ethics, 41(1 – 2): 141 – 157.

Zang A Y, 2012. Evidence on the trade-off between real activities manipulation and accrual-based earnings management[J]. The accounting review, 87(2): 675 – 703.

索　引 | Index

呈现形式　2-11,21-26,143-146,148-152,156,157,159-162,166,169-171,182-187,194,196,198-201

分析师关注　8,35,97,118,122,147,148,153-156,167,171,177,180,182,183,189,192,194,198,207

改善　6,7,9,12,13,24,28,30,32-35,43,47,48,50,52,58,85,87,94,95,98-100,104,144,147,197,199

股价崩盘风险　16,202,207

管理者特征　30,41,46,47,50,51,80,81,83,94,106,110

利益相关者　3,5,7-9,14,18,26,27,29-32,51,83,89,96-98,100-103,107-109,117,118,120-123,125,129,133,135-137,139,141,142,189,198,200

卖空机制　4,5,7,8,15,26,28,34-36,43-45,55,56,64,65,67,69,73,75,89,92,94,95,197,202,204

模糊　6,11-15,18,20,29-34,36,43,50-52,56,58,80,94,95,98,110-112,131,141,167,197

年报　1,2,4-10,13-20,22,25,26,28-36,38,39,42,43,45-48,50-53,55,56,58,59,61,64,65,67,68,72,78-81,85,87,89,90,92,94,95,98,100,143-157,159-167,169-171,177,179,180,182-187,189,190,192,194-201,203-206

融资需求　7-9,27,28,30-34,39-43,51-53,61-64,85-87,95,197,206,208

社会责任报告　1,3-9,14,15,22,25,26,96-104,106,107,109-113,115-117,119,120,123-125,127,130-135,139,141,142,197,198,200,201,203,204,207,208

外部压力　14,15,108,118,122,129,139,199

外观形式　6,7,10,24,143,144,146,148,152,155,186,190,194

信息披露　1-11,13-18,20,23-33,35,37,47,50,51,67,68,78,80,85,87,92,94-100,102,103,122,131,132,134,141,144,146-148,152,167,184,187,189,190,192,194,196-208

形式特征　143

修辞语言　2-9,17,26,96-100,102,103,106,107,109-117,119,120,124,125,130-135,141,142,196-198,200,207

修饰性　4,7,17-19,26,96,133,134,142,198

易读性　2-9,11-17,20,25-39,41-48,50-53,55,56,58,59,61,62,65,67,69,71-73,75,78-81,83,85-87,89,90,92,94,95,127,131,196-201

印象管理　1-9,11,12,14,17-19,21,22,24-26,29-31,36,45,56,58,92,96-103,109,121,131,134,135,139,141-143,196-198,203-206,208

应计操纵　7,8,143-146,148-150,156,157,159-161,169,170,182-186,194,198,205

盈余管理　7,9,14,18,19,27,28,33,34,40,41,94,95,143-147,149,150,156,157,159,160,169,170,182-187,194,197,198,202-204,206-208

阅读难易程度　12,17,27,28,34,36,37,43,45,46,55,59,64,78,89

自愿性披露　2,22,96,196,205

后记 | Postscript

　　我从 2015 年上一个国家项目结题就开始涉及信息披露中印象管理领域的研究,对这一领域的关注我经历了从"印象管理理论"—"披露语言特征"—"外观形式特征"—"语言与形式两者相互结合"这个相对完整的研究历程。相应的观点和成果多次在《会计研究》《世界经济》以及其他国际一二区高层次国际期刊上公开发表,并由此主持并完成了国家自然基金项目。

　　这本书的出版是过去研究的汇总与补充,相关成果的整理和校对等每个环节,均得益于沈洁尽心尽力、事无巨细的付出,在此一定要单独感谢!感谢我这位朋友的出现,帮我渡过生命中一次又一次的难关。

　　统计学院的周勇教授虽然是不同部门、不同学科,一直给予了很多的关心和照顾,我也将始终铭记在心。

　　许多过去的学术研究生参与了相应内容的完善,他们分别是汪瑾、高云霞、陈钰佼、朱怡凡、汪洁玉、张金森、杨侯博。我的老朋友刘佳琼老师也责无旁贷地鼎力相助,才能够帮助得这本书能够如此顺利地和大家见面。

　　这本专著里的部分内容是由过去的已经发表的一些文章和工作论文汇总而成。只是不论是在前期还是后期,都有一部分相关的理论成果没有纳入这本专著,尤其研究团后期队将会有高品质的学术论文继续延伸,希望得到大家持续的关注,多提宝贵意见。

　　此时此刻难免会去翻看以前专著出版的后记。在曾经的感言里面,更多是阶段性的回溯和自我的激励。而立足于现在这个起点,我更多是感恩的心情,希望我感恩和祝福的心意,能够陪伴这些提到或者没有提到的老朋友们,都平安健康顺利~

张秀敏

2023 年 7 月